머리 한번 만져 보게나
극락 간다네

머리 한번 만져 보게나 —— 극락 간다네

— 정토문 성언집 聖言集

— 함현 지음

담앤북스

언제나 지금이 있을 뿐

『머리 한번 만져 보게나, 극락 간다네』의 증보판을 내게 되었습니다. 코로나 블루가 고조되던 2022년 초에 첫판을 출간했으니, 어느새 두 해 남짓한 세월이 흘렀습니다. 증보판이라고는 하지만 내용에는 크게 달라진 것이 없습니다. 첫판에다 소납의 아미타불 게송과 정토종의 사상과 실천의 연원을 밝힌 논문 두 편을 더했을 뿐입니다.

　그럼에도 굳이 증보판을 생각하게 된 것은 소납이 주된 거처를 서울 도솔원에서 청주 관음사로 옮긴 일과 무관하지 않습니다. 관음사는 저와는 인연이 깊은 도량입니다. 선사(先師)를 모시고 중창하고, 주지 소임을 지내고, 크고 작은 일이 있을 때마다 산문을 드나들기 수십 성상이 되었습니다. 어쩌면 이생의 마지막 거처가 될 관음사에서 제가 믿고 받들어 행하는 정토법문을 안팎의 불자님들과 두루 나누는 향연(香緣)을 맺고 싶었습니다. 이런 간절한 바람이 증보판을 내게 된 주된 동기라 하겠습니다.

우울한 메시지가 난무하는 시대입니다. 해서인지 "희망이 없는 희망" 또는 "절망을 포기하지 말자." 같은 말들이 크게 울림을 주고 있습니다. 활로는 구한다고만 얻어지는 것이 아니라 바르게 실천할 때 이뤄진다 했습니다. 바른 실천이란 바르게 기억하고 바르게 집중하고 바르게 통찰하기입니다. 이는 모든 불문 수행의 요체로 정토법문도 이를 여읜 특별한 가르침이 아닙니다. 하지만 정토법문은 그 실천의 쉽고도 일상적인 특성으로 이 시대의 삶들에게 크나큰 위안과 은혜로운 빛을 주는 최적의 법문이라 할 수 있습니다.

정토법문의 근본경전인 『아미타경』은 '극락세계 아미타부처님께서 언제나 지금 설하고 계시는 법문[今現在說法]'입니다. 시간은 시작도 끝도 없이 언제나 지금으로 흐를 뿐입니다. 정토행자는 이 시간을 듣고 이 시간을 끝없이 실감합니다. 이것이 어떻게 가능한가? 물러남 없는 신심으로 앉으나 서나 오직 아미타불만을 염(念)하면 누구나 그렇게 됩니다. 이렇게 하면 생각 생각이 아미타불이 되어, 아미타불 밖에 이 마음이 없고 이 마음 밖에 아미타불이 없게 됩니다. 그리하여 백만 리 번뇌의 구름이 홀연히 사라지면, 아, 붉은 지혜의 해가 솟아올라 보배 나무와 보배 연못이 눈앞에 펼쳐지게 됩니다. 아미타불!

세존응화 2568년 부처님오신날에
우암산 관음사 회주 **함현** 분향

(목차)

권수정토문 勸修淨土文

(함현자계)
涵玄自戒

이보시게나 함현,
방일하거나 게으르지 말고 탐하지 말며
출가한 첫 마음을 저버리지 마세.

머리 한번
만져 보게나

이보게 함현!
일어났는가?

서늘한 빛은 동쪽 하늘을 수놓고
밝은 달은 서쪽 산을 넘는구나.

보고 있는가.
서로에게 귀의하는
빛과 어둠의
저 장엄한 만남을.

머리 한번 만져 보게나.
살아 있어 고마울 뿐인
오늘이 아닌가.

함현자계

머리 한번 만져 보게나.
깊은 만남의 문이 열리는 그런 순간이 아닌가.
바람이 호수를 만나듯
여윈 손을 들어 흰머리를 만져 보게나.

그럴 때마다
잊었던 내 출가의 첫새벽이
소리쳐 나를 부르는구나.

비구는
있음도 없음도 비워 가는 수행자
그런 길 그런 삶이
어찌 쉬운 일이겠는가.

그럼에도 나는
안락을 좇아 편안함에 주저앉음이 어찌 그리 쉬우며
따뜻하고 배부름이 어찌 그리 좋으며
이익과 명예에 눈길을 줌이 어찌 그리 많은가.

나태의 뱃놀이와 방일의 그네 뜀에 빠져

머리에 붙은 불 미뤄 두고
하루 또 하루를 그저 보내기가 일쑤이니
이러다가
앗차!
뱉은 숨 거두어들이지 못하면
바로 곧 깜깜한 죽음이 아니겠는가.

지난 일은 잡을 수 없고
오는 일 또한 어찌할 수 없으니
지금 여기의 거울에 비친 내 모습을
이제부터서라도
다잡아 비춰 보리라.

마음도 몸과 같이 먹물빛이 들지 않았다면
하늘과 땅, 시주와 부모께
참으로 부끄러운 일이지.
사람의 몸을 받아 다행스레 출가한 그대여,
그대는 그 아슬한 선행을 살리는
후회 없는 삶을 살았는가.

함현자계

수행이 실답지 않으니
마음은 우매하고 성정은 거칠구나.
스스로를 속이고 은혜를 알지 못한다면
부처님께서 슬피 여기시는 장돌뱅이 중이 아닌가.

지금 여기의 거울에 비춰 보니
그대의 몸과 말과 마음의 살림살이가
어둡고 흐리고 어리석고 삿되구나.
그리하여
낮으로는 세상 인연에 휘둘리고
밤으로는 깊은 혼침 속에 빠져들어
일마다 번뇌의 파도요
마음마다 어리석음의 그림자이언만
한목숨 내려놓고
그 근원을 살피지 못했구나.

근원을 밝게 보지 못하니
현묘한 이치를 얻지 못하고
부처님 말씀이 들리지 않으니
덕행의 종자 뿌리지 못해

함께 나누고 함께 웃는 삶을
끝내 이루지 못했구나.

아, 슬프다.
이런 출가를 출가라고 할 수 있을까.
부처님의 가르침을 해치는 마라(魔羅)
스스로를 욕되게 하는 눈먼 거북의 삶이 아닌가.
허물만 쌓는 삶,
공덕 없는 살림만 짓는 업력에 이끌려
긴 윤회 깊은 괴로움 속을 떠돌며
슬퍼하고 후회하고 탄식하게 되리니
준비 없이 맞을 죽음이
두렵고 또 두렵구나.

옛글에
"한 묶음의 맑은 향을 사르고
두어 가지 붉은 연꽃을 꽂고서
입으로는 쉼 없이 염송하고
마음으로는 다른 생각을 하지 말라." 하였다.
비상한 수행이 아니고서야

함현자계

길고 긴 윤회의 이 굴택을
어떻게 벗어날 수 있겠는가.

이보게 함현!
지금까지는 자네 맘대로 살아왔지만
얼마 남지 않은 여생은 그렇게 보내서는 안 되네.

세월의 흐름은 너무도 빨라
무상한 생로병사를 챙겨 볼 수 없게 한다네.
이 몸 또한 후딱 스쳐 가고 말 몸이니
봄날의 아침 이슬처럼
여름날의 저녁 무지개처럼
앗차 하면
남김없이 다 사라지고 만다네.

돌아보게나.
자네가 자네에게 내놓을 만한 것이 그 무엇인가.
한때는 부처님 그늘 아래에서
이 불사 저 불사를 빙자해
이 산 저 산을 바삐 오르내렸으니

지은 복이 좀 있으려나….

불전에 향을 사르고 촛불도 밝히고
얼음물 새벽 속에 예불도 올렸지.
참선도 하고 경전도 보고 염불도 했지.
하지만 실답게 한 게 없으니
금쪽같은 세월을 헛쓰다가
흰머리 늙은 몸이 되어
차마 죽지 않고
여기 이렇게 홀로 서 있구나.

그래도 장하네.
기죽지 말게.
부처님께서 주신 가르침을 믿어 지니며
생각 생각마다 부처님을 그릴 것이니
염불하고 염불하여
머리에 붙은 불을 끄듯 부지런히 닦으면서
마지막 그날을 기다려 미루지 않는다면
한 묶음의 향연 속에
그 마음에 빛을 돌려

함현자계

송이송이 붉은 연꽃을 피워 낼 수 있을 것이네.

자네는
지금의 자네를 맞을 염라노인이
무섭고 두렵지 않은가.
바람에 촛불이 꺼지듯
이 눈빛 땅에 떨어지고 말면
앞길은 망망하고
태어날 곳은 깜깜할 것이니
지은 업에 깊이 취해
속절없이 중음(中陰)의 길을 떠돌게 되겠지.
혹 그곳이
구리물 펄펄 끓는 붉은 지옥일 수도 있겠으니
어찌 두렵고 무섭지 않겠는가.

이보게 함현!
머리 한번 만져 보게나.

옛 스님께서 이렇게 이르셨지.
"예불은 부처님의 덕을 공경함이요

염불은 부처님 은혜에 감사함이며
계를 지킴은 부처님의 삶을 따라 행함이다.
경전을 봄은 불법의 이치를 밝힘이요
참선은 부처님 마음과 하나가 됨이며
설법은 부처님의 서원을 만족하게 하는 것이다.
궁극의 경지에서는 한 티끌도 받아들이지 않지만
불사(佛事)를 짓는 문에서는 한 법도 버리지 않는다."

묻노니
지금 자네의 살림살이는 어떠한가.

자네는 부처님의 제자답게 살고 있는가.
부처님을 진정한 스승으로 받들어 모시고 있는가.
부처님 가르침을 믿고 실천하는가.
아침저녁으로 부처님께 예배하는가.
불보살님의 가피와 위신력을 믿고 있는가.
부처님 말씀을 전하고 나눌 원력이 있는가.
경전을 곁에 두고 지니고 읽고 새겨 보는가.
밤을 낮 삼아 부지런히 정진하는가.
계율을 잘 지키고 있는가.

자비와 연민의 마음을 잃지 않고 있는가.

신·구·의 삼업을 맑히고 있는가.

탐욕·성냄·어리석음의 불을 끄고 있는가.

스승과 도반의 은혜를 잊지 않고 있는가.

출가한 큰 인연에 늘 감사하고 있는가.

시주의 보시 은혜를 기억하고 있는가.

선과 악을 놓아 버리고 오직 정진하고 있는가.

순간순간 마음을 돌이켜 비춰 보고 있는가.

도반과 탁마하며 서로 경책하고 있는가.

잡다한 번뇌 속에서 나날을 보내지는 않는가.

쉬지 못하는 마음으로

이 산 저 산을 헤매고 있지는 않는가.

개미같이 바쁜 삶 속에서

몸과 마음이 분망하지는 않은가.

자신의 허물을 숨기고

남의 허물만 말하고 있지는 않는가.

스스로를 속이고 남을 원망하지는 않는가.

자신의 허물을 밝게 드러내고 있는가.

말을 함부로 하여 남에게 상처를 주지 않는가.

거짓말과 이간질로 남을 힘들게 하지 않는가.

입을 굳게 다물고 혀를 깊이 숨겨 두고 있는가.

명예와 이익을 좇는 마음이 일어나지는 않는가.

이득과 손실을 향한 마음이 움직이지는 않는가.

남의 근심이 자신의 근심으로 여겨지고 있는가.

남의 아픔이 자신의 아픔으로 실감되고 있는가.

남의 일을 굳이 알려고 하지는 않는가.

멀어진 인연들을 길이 저버리고자 하지는 않는가.

능력을 믿고 권세를 만들어 자랑하려 하지는 않는가.

남의 장점을 배우고자 하는가.

덕망 있는 사람을 공경하고 찬탄하는가.

덕이 있는 사람을 시기하고 질투하지는 않는가.

어려웠던 시절을 잊고 있지는 않는가.

지은 업의 과보가 무거움을 아는가.

수치심을 모르고 행동하지는 않는가.

매사에 인색하지는 않은가.

욕망의 불을 끄고 있는가.

타인을 업신여기고 자신을 귀하게 여기지는 않는가.

헐뜯고 칭찬함에 성내거나 우쭐대지는 않는가.

시간을 허비하고 있지는 않는가.
매 순간을 겸손과 공경으로 맞고 있는가.
육도윤회에서 벗어나고자 하는가.
낮에도 밤에도 염불하고 있는가.
부처님 앞에 스스로를 드러내어 참회하고 있는가.
나날을 헛되이 보내면서
막연한 내생을 기약하고 있지는 않는가.
부모나 단월을 향한 고마움이 살아 있는가.
승가와 도반의 은혜를 깊이 새기고 있는가.
부질없는 생각으로 뜻이 흩어지는 것을 아는가.
얻지 못한 것을 얻었다고 자랑하지는 않는가.
알지 못한 것을 알았다고 속이지는 않는가.
순간의 방일과 나태함의 허물을 아는가.

마음을 돌이켜 비춰 보고 있는가.
고요함과 평온함과 한가함이 늘 함께하는가.
살아 있는 생명을 자비심으로 대하는가.
다치고 아픈 삶들을 방생하고 있는가.

부처님 말씀을 기쁘게 나누고 있는가.

시주단월을 생각하며 진심을 담아 축원하고 있는가.

지옥중생들께 공양을 올리고 있는가.

희생의 공덕을 잘 알고 있는가.

질투와 탐욕스러움을 부끄러워하고 있는가.

집착하는 마음으로 남들과 시비하고 있지는 않는가.

스승 노릇을 하고자 두서없이 나서지는 않는가.

헛된 일에 공력을 쓰며

주위를 힘들게 하고 있지는 않는가.

몸과 말과 마음으로 짓는 내 살림살이여,

죽이고, 훔치고, 사음하고

거짓말하고, 꾸며 말하고, 욕설하고, 이간질하고

탐내고, 성내고, 어리석었던

기나긴 겁 동안에 지은 그 업이

들판을 이루고 바다를 이루었구나.

옴 살바 못자모지 사다야 사바하

옴 살바 못자모지 사다야 사바하

옴 살바 못자모지 사다야 사바하

함현자계

다겁생에 짓고 지은 그 죄업을
모두 참회하고 낱낱이 점검하세나.
이렇게 자신의 살림살이를 살피지 않는다면
밤을 낮 삼는 수행일지라도
스스로를 속이는 일이며
지옥에 가서 나는 종자 되기가 쉽다네.

"무명의 업식이 온갖 재앙의 씨앗이며
애욕과 집착이 육도윤회의 뿌리"라 했네.
생사를 벗어나 번뇌를 끊고
윤회의 바다를 건너
부처님의 혜명을 잇고자
출가한 자네가 아닌가.
지금까지 지어 온 지난날의 허물과
앞으로 지을 업을 생각하면
머리에서 시퍼런 불꽃이 일어나지 않는가.

잘 생각해 보게, 어찌하여야 하는지.
자네가 밟고 있는 이 땅
언제 다시 거듭 밟을 수 있을 것인가.

번개처럼 덮쳐 올 죽음을

두려움이나 후회 없이 맞이할 준비는 되어 있는가.

지옥의 세월은 길고도 길다는데

몸 벗고 맞을 다음 생이

두렵기만 하네.

이보게 함현!

지금 이 순간의 삶은 내가 지은 행위의 결과이니

그것은 내가 스스로 뿌린 씨앗의 열매가 아닌가.

삼계는 불타는 집과 같구나!

그 속의 삶과 죽음 벗어나려면

부지런히 닦고 정진하여

업의 불씨 남김없이 꺼서 없애야 하리.

몸은 해탈복을 입었지만

마음이 티끌에 물들어 있다면

중생들이 편히 쉴 귀의처가 아니지.

"향기에 젖은 사람에게서

좋은 향기가 난다." 하셨네.

헛되이 살다 헛되이 죽지 않으려면

몸으로도 마음으로도 출가한
참된 수행자가 되어야 하네.

이보게 함현!
말이 많았네.

이제 머리나 한번 만져 보세나.
머리를 돌려 스스로를 보아야 하네.
눈빛을 되돌려 스스로를 점검해야 하네.
그래야 출가의 첫 뜻을 저버리지 않고
진정으로 부처님 은혜에 보답할 수 있지 않겠는가.

스승을 친견하듯
머리 한번 만져 보세나.
한량없는 큰 복이 이 가운데 있나니
산마다 봄이 오고 들마다 꽃이 핀다네.

선지식께 경책 받듯
머리 한번 만져 보세나.
꽃비는 만 리에 내리고

옛 빛은 이 길 저 길에 넘치니

아미타불 저만치서

일 없음을 기뻐하시네.

이보게 함현,

머리 한번 만져 보게나!

돌(咄).

함현자계

(涵玄自戒)

밤 깊어 눈이 감겨도

출가한 자신이 고맙고

새벽빛에 눈이 뜨여도

출가한 새날이 기쁘니

생평에 내 잘한 일은

출가한 일이 분명하구나.

세상살이 꿈속의 일

돌아누워 깨어 보면

이 몸은 찬연한 우주를 떠도는

티끌 먼지

이슬 같은 몸을 빌려

걷고 걷고 또 걸어서

이 순간 이곳까지

이마 찧으며 달려왔구나.

산달 돋는 숲속에서
눈 날리는 강가에서
지우고 또 그리던 꿈들
지금은 어디 있나.
빈손의 서쪽 바람이요
숨길 속 저녁노을일세.

사대는 괴로움이요
삼계는 불타는 집인데
무상한 세월 속에
유위불사 짓고 지으며
허공꽃 찾고 찾아
속절없이 달려왔네.

걸어온 길 돌아보며
흰머리 만져 보니
지치고 늙은 이 몸
지는 꽃비 맞은 꼴이라
이제라도 늦지 않았네.
땅거미 속 홀로 앉아

함현자계

들숨 날숨 행주좌와
그저 힘써 염불하세.

'염불하는 그 마음이 부처님이다' 하셨으니
부처님이 부처님을 부르는 염불로
생로병사 억겁의 때를 한바탕 벗어 보세.

이보시게나 함현,
배 주리면 아귀 떠올리고
몸 풀어지면 화탕지옥 생각하세.
방일하거나 게으르지 말고 탐하지 말며
가고 옴을 쉽게 생각하지 말고
부끄러워하는 마음으로
출가한 첫 마음을 저버리지 마세.

한 생각이 일어날 때
곧바로 깨달아 염불하세.
무상하니 괴로움이요
그러니 무아임을 알며 염불하세.
눈빛이 땅에 떨어질 때

부처님이 부처님을 노래하며

다물었던 입 하하하 열어

크게 웃어나 보세.

함현자계

그대는
참 행복한 사람이었네

1.
때 없는 빛의 부처님
생명의 부처님 아미타시여
제자 함현은 이제
두 손 모아 믿고 의지하고자
한마음 한뜻으로 발원하옵니다.

나무아미타불

2.
지혜 공덕 빛의 부처님
온 누리 밝게 비춰 주시니
천년 어둠도 한순간 사라져
장엄해라 장엄해라
아미타부처님이시여.

나무아미타불

3.   맑은 빛 생명 부처님

번뇌의 아픔 끝없사오니

그 번뇌 그 아픔 씻어 주소서.

저도 이제 빛의 몸을 얻어서

불타는 삼계의 집 벗게 하소서.

나무아미타불

4.   그대는

어떤 인연 어떤 복으로

그대로 오셨나요.

복되고 복되도다.

그 몸도 빛나는 사람으로 왔으니.

나무아미타불

5.   그대는

어떤 인연 어떤 복으로

그대를 이끄나요.

복되고 복되도다.

부처님 만나서 해탈의 길 가시니.

나무아미타불

6.   그대는
무슨 복 무슨 인연으로
그대를 피우나요.
복되고 복되도다.
밤낮 없는 염불로 극락화로 피시니.

나무아미타불

7.   늦었지만 깨닫고
서쪽 향해 세상 잊으니
물소리는 방울방울 염불 되어 흐르고
바람도 산들산들 염불 되어 나네.

나무아미타불

8.   열려 있네, 서방정토 가는 길.

염불화(念佛花) 꽃길 따라 꿀 따는 벌이 날고

무디따 숲 그늘 아래

가릉빈가 노래하네.

나무아미타불

9.　　　동녘에 뜨는 해 서산에 기울고

초승달이 차서 둥근달이 되듯

이와 같은 신심과 발원으로

빛길 주신 무량수불 어서 뵈어지이다.

나무아미타불

10.　　아미타부처님이시여,

슬피 여겨 이 노래를 받아 주소서.

아미타 아미타 나무아미타불.

문이 열리네, 극락의 문이 열렸네.

나무아미타불

11. 염불하니 좋은 날.
창 너머 대숲에는 달이 걸리고
차 달여 함께 나눌 벗들이 멀어
달처럼 다만 홀로 차를 마시네.

나무아미타불

12. 빈방엔 차 향기 가득 넘치는데
찾는 이 없으니 홀로 즐기며
찬 하늘 가르는 기러기 부르니
고개 한 번 돌릴 뿐 가던 길 가네.

나무아미타불

13. 우습구나.
한때는 세상일로 분망하더니
이제는 닫힌 사립문 열릴 날 없네.
해와 달 밖에는 찾는 이 없으니
한심한 살림살이 이와 같구나.

나무아미타불

14.　그대는
　　　어제는 우쭐대고 오늘은 게으름 피우며
　　　이날도 저 날도 헛되이 보내더니
　　　이제는 텅 빈 방에 홀로 앉아서
　　　쓸쓸히 지는 달만 보고 있구나.

나무아미타불

15.　그대
　　　말없이 하염없이 기다리는 님
　　　잎 지고 꽃 피면 오신다던 님
　　　오늘은 오시려나 기다리는 님
　　　잎 지고 꽃 피어도 오지 않는 님.

나무아미타불

16.　우연히 거울 앞을 지나다가
　　　마주 선 쭈글한 늙은이 앞에

깜짝 놀라 누구신가 멈춰서 보니
나도 모를 낯선 내가 거기 있구나.

나무아미타불

17. 속절없이 떠나보낸 하 많은 봄 가을.
봄갈이도 가을걷이도 한 적 없으니
짊어질 한두 말의 쌀도 없어
고향길 바라보며 눈물만 짓네.

나무아미타불

18. 무겁고 무겁구나, 업력의 등짐
보고 듣고 아는 중에 쌓인 업력
몸부림쳐 봐도 버릴 수 없으니
이제 와 후회한들 무엇하나.
한 생을 헛보낸 늙은 노인아.

나무아미타불

19. 걸망에 가득한 건 업장뿐이니
나누고 베풀 물건 하나 없구나.
고향에 당도하면 풀어야 할 걸망.
참담한 살림살이 부끄럽구나.
한 생을 헛보낸 늙은 노인아.

나무아미타불

20. 밤이슬 붉은 해 뜨니 순식간에 사라지고
지난밤 불던 바람도 아침 되니 고요하네.
뜰 가득 아름답던 꽃 여기저기 나뒹굴고
긴 밤 벗은 산새들만 무상함을 노래하네.

나무아미타불

21. 세상사 일일마다 얕고 깊게 서린 인연
걸망 풀고 탄식하는 오늘에야 알았어라.
주인 없는 빈 배처럼 인연 따라 오고 가니
모르던 편안함이 이 가운데 가득하네.

나무아미타불

22. 숙세의 인연으로 맺어진 정토.
수면에 바람 스치듯 보낼 수는 없지.
고해의 큰 바다에 염불선(念佛船) 띄우고
미타항(彌陀港)만 바라보고 노 저어 가리.

나무아미타불

23. 해탈향 찾고 찾아 헤매었지만
팔만의 진리문 밖에 보낸 한 세월.
흰머리 얼굴에 꼬부랑 노인.
마음은 지금도 시비분별뿐.

나무아미타불

24. 눈이 있어도
초롱한 별 보지 못하고
귀가 있어도
맑은 종소리 듣지 못하네.

나무아미타불

25.   끝없는 인연의 이 굴택(窟宅)을
      언제쯤 이별할꼬.
      만나는 인연줄은 끊겼으니
      이제는 멈출까 또 이어질까.

나무아미타불

26.   이보게,
      자네에게는 아직도
      부처님 지혜의 밝은 달이 있고
      보살님 자비의 손이 있지 않은가.

나무아미타불

27.   빛처럼 오신 당신은 누구신지요.
      말할 수 없는 님 한량없는 아미타,
      한결같은 생명 부처님 아미타불.
      들숨으로 오시고 날숨으로 가시네.

나무아미타불

28.
아미타부처님을 의지해
사바세계 붉은 티끌 벗어나려면
큰 소리로 한바탕 불러 보소.
나무아미타불 나무아미타불.

나무아미타불

29.
땅이 울리는 염불이라야
하늘이 울리는 염불이라야
삼천대천세계 벗어나
극락왕생한다네.

나무아미타불

30.
한바탕의 꿈이네, 내 살림살이는.
꿈이어도 좋다고 염불을 하니
단 낮잠 주무시던 부처님께서
화들짝 놀라서 눈을 뜨시네.

나무아미타불

31. 한량없는 빛
아미타부처님께서는
우레 같은 염불 소리에만
극락문을 여신다네.

나무아미타불

32. 염불하는 이 공덕으로
반갑게 나를 맞아
밝고 맑은 광명으로
이 몸 감싸 주시리.

나무아미타불

33. 아름답고 고운 염불 소리에
꽃길 속 새들은 함께 노래하고
연못의 수많은 연꽃들은
살랑살랑 춤을 추네.

함현자계

나무아미타불

34.
온갖 새들이 노래하니
연못마다 가지가지 연꽃들이
극락으로 나를 인도하는
은은한 향기 다리가 되리.

나무아미타불

35.
더 생각할 다른 곳 없어
우레 같은 염불 소리 드높아 가니
아미타부처님과 여러 보살님들
빛처럼 오시어 영접해 주시네.

나무아미타불

36.
결코 늦지 않았네.
염불할 그 마음 일으킨 이는
어렵고 안 된다는 생각 짓지 말고
믿는 맘 자비심으로 염불만 하세.

나무아미타불

37.

내가 또다시
어느 날 이곳에 올 수 있을까.
헛되이 뒷날을 기약하지 말고
오늘도 내일도 염불만 하세.

나무아미타불

38.

염불하는 이놈이 누구인가.
보고 듣고 냄새 맡고 맛보는 나지.
그놈이 느끼고 염불도 하니
다른 곳 헤매며 찾지 말게나.

나무아미타불

39.

걷고 걸으면서 또 염불하고
머물고 머물면서 또 염불하네.
앉아서도 누워서도 또 염불하니
빛의 연꽃이 가지마다 향기롭다네.

함현자계

나무아미타불

40.
몸이 염불하니 몸이 좋고
마음이 염불하니 마음이 좋네.
육근육식이 한몸으로 염불하니
안도 염불이요 밖도 염불일세.

나무아미타불

41.
산중에 실바람이 산들 불면
열리는 그 아침 더없이 맑구나.
염불화(念佛花) 송이송이 붉은빛 하얀빛,
아미타부처님께 공양 올리기에 좋아라.

나무아미타불

42.
좋아라 좋아라 오늘 이 순간.
좋아라 좋아라 오늘 이 자리.
물 흐르고 꽃 피는 지금 이 자리.
염불 속에 피어나고 그 속에 지네.

나무아미타불

43. 　나무불 극락조 노래
　　밤낮으로 이어지니
　　이 소리 듣는 님들
　　모두가 아미타불.

나무아미타불

44. 　나무법 백학 앵무 맑은 소리
　　오나 가나 이어지니
　　이 소리 듣는 님들
　　모두가 담마야중.

나무아미타불

45. 　나무승 가릉빈가 묘한 소리
　　자나 깨나 이어지니
　　이 소리 듣는 님들
　　모두가 승가야중.

나무아미타불

46.
봄바람 정토미풍 속에
홀로 앉아 염주 굴리니
몸도 맘도 아미타불
들숨 날숨 아미타불.

나무아미타불

47.
아미타불 머리에 이고
염불하고 염불하니
돌고 도는 윤회의 괴롬 빛살로 사라지고
구품연대 연꽃방석에
앉아 있는 이내 몸아.

나무아미타불

48.
염불하고 염불하니
지는 해는 서쪽 길 붉게 물들이고
염불하고 염불하니

부르던 아미타가 아미타불을 부르네.

나무아미타불

49.   가을비에 단풍이 곱게 물들고
연못에 온화한 달 보지 못하니 참 아쉽지만
몸과 마음으로 염불하고 염불하니
날마다 님을 만나고 나는 그곳에 함께 간다네.

나무아미타불

50.   가을 찬바람 불어 옷소매 날리고
새들은 땅거미 속
다투어 둥지로 돌아가네.

나무아미타불

51.   가을밤은 길어지고 공기는 차니
노랗게 시든 들풀 위로
된서리 짙게 내려앉았네.

나무아미타불

52.
낙엽 진 앙상한 겨울나무 사이
달빛 차고 맑고
야윈 얼굴에 아름다운 옷 빛깔 시드네.

나무아미타불

53.
힘겹게 한 발 한 발 내딛고
비틀비틀 넘어지며 오르는
쭈글쭈글 늙은이 무엇이 즐거운지
흥겨이 노래 부르며 집으로 돌아오네.

나무아미타불

54.
누구든 이런 생각 하지.
세상만사 다 잊고
홀연히 먼 길 가련다라고.
그렇지만 내 맘대로 되나.

나무아미타불

55.　눈 내리면 눈이 소복이 쌓이듯
　　비 오면 강물이 불어나듯
　　내가 지은 행위가 업의 씨앗이 되어
　　이로 인하여 가는 길이 이렇게 다른 것을.

나무아미타불

56.　멍청하니 아무 느낌이 없다.
　　무엇 때문에 그리 가야 하나.
　　모름지기 이 마음이 염불로 이어진다면
　　끝내 아름다운 낙조가 되리.

나무아미타불

57.　밤사이 비바람에
　　꽃이 얼마나 떨어졌는지
　　아침이 와야 알 수 있고
　　칠흑 같은 밤하늘이어야만

반짝이는 선명한 별을 볼 수 있다네.

나무아미타불

58. 갈 길은 뻔한데
어찌 머뭇머뭇 망설이는가.
그렇게 한가하게 지내다가는
그곳에 아름답게 떠날 수 없다네.

나무아미타불

59. 그대에게 묻노니 어찌 망설일까.
속세의 그물이
이 몸을 휘감은 탓이로다.
어서어서 풀게나, 망설이지 말라.

나무아미타불

60. 솔바람 소리에
세속 번뇌 사라지니

아미타 세상이 뚜렷하구나.

나무아미타불

61.   꾀꼬리 노랫소리 그윽하니
듣는 귀가 극락이구나.
좋고 좋아라.

나무아미타불

62.   하루살이 어지러이 날지만
그 꿈도 저녁이 되면 사라지고
그것도 모르는 어리석은 놈이네.

나무아미타불

63.   칼바람에 무성하던 잎들
낙엽 되어 나뒹굴고
오르는 님이여 발에 힘 주어라.
산길이 미끌미끌 넘어질라 조심하시게.

나무아미타불

64.
아침 이슬 먹은 흰 수선화
거미란 놈이 칭칭 그물을 쳤네.
춤추며 오가는 벌 나비 희롱하려다
저 죽는지 모르는구나 어리석은 중생아.

나무아미타불

65.
차 달이는 작은 방
향기 그윽하니
불단의 부처님 내려오시어
팽주의 온갖 시름 덜어 주시네.

나무아미타불

66.
책력을 보니
오늘이 해제 날이네.
그래도 서쪽 바람이 고향 산 가리키며
달그림자 끌고 돌아가네.

나무아미타불

67. 풍진 세상에 무지한 인간이
    안목이 있어 출가했겠는가.
    전생의 좋은 인연으로
    법석(法席)에 동참한 일 참 좋다.

    나무아미타불

68. 풀벌레는 섬돌 위에서 울고
    서리는 냉랭하니
    그나마 있던 꽃잎 떨어지네.
    처량하고 무상하구나 삶의 스승.

    나무아미타불

69. 울 안에 국화 향 가득하여
    코를 찌르니 오늘이 무슨 날.
    벌써 중양절(重陽節).
    사람 일 모르는 것

귀밑머리 한번 잡아 보아라.

나무아미타불

70. 깜박 잠든 사이 하루가 다 지나고
달빛은 벌써 방 안에 있네.
우리네 삶도 길어야 백 년.
탐진치 어두운 그늘 벗어던지면 되네.

나무아미타불

71. 봄이 되니 꽃비 뜨락을 물들이고
이슬 먹은 꽃잎 수놓은 듯 비단 같구나.
아름답기야 하지만 햇빛 그을린 저 꽃잎
저녁 날에는 바람에 실려 간다네.

나무아미타불

72. 염불은 참 쉽다네.
가고 오고 서고 앉고 눕고

어느 때 어느 곳이든
염불할 수 있어 좋다네.

나무아미타불

73.　　염불수행하면
연꽃 봉오리가 활짝 피고
금대(金臺)가 홀연히 나타나니
그 순간 더 이상 범부가 아니라네.

나무아미타불

74.　　산란한 마음으로 염불하여도
그 공덕과 선근은 헤아릴 수 없고
쌓인 그 공덕은
깨달음을 얻는 씨앗이 되고
끝내는 깨달음을 얻는다네.

나무아미타불

75.   들숨 날숨 오직 한길로

그 명호를 부르면

온갖 번뇌 온갖 장애 사라지고

임종 시 웃음으로 손잡아 이끌어 주시네.

나무아미타불

76.   지극한 마음으로

염불합니다.

나무서방교주 아미타불이시여.

나무아미타불 나무아미타불 나무아미타불.

나무아미타불

77.   간밤에 비 내리니

봄 추위 으슬으슬.

일찍 핀 매화 꽃송이 추위에 떨고

하얀 물은 소리 없이 흐르니

뜰에 흰 수선화 살포시 고개 내미네.

나무아미타불

78. 흰 햇살 아래 저 소나무
아침 엷은 운무에 한가롭고
시냇물은 숲을 굽이굽이 돌아 흐르며
해 지니 새들 둥지로 돌아오는데
그대는 왜 망설일까.

나무아미타불

79. 그지없는 풍광 속에
먼 산의 오색단풍 보일 듯 말 듯.
산 아래 샘물 소리 나그네 근심 덜어 주고
붉은 해는 홀로 서령을 넘고
먼 길 가는 길손 위해 달에게 안부 전하네.

나무아미타불

겨울은
나를 듣는 계절

빈산에 흰 눈 쌓이고
솔잎 끝에 달이 뜨는 겨울
서리 찬 기러기 울음에
들국화 눈을 뜨면
수정궁(水晶宮) 하늘 가득
울려 퍼지는 종소리.

지는 소리
가는 소리
향기로운 눈물을 씻는 하 맑은 세월의 소리.

겨울은 나를 듣는 계절.
침묵에서 침묵으로 흔적 없이 흐르는 세월.
잠 깊은 귀뿌리를 깨우는
그 소리를 영원히 듣는

나를 듣는 겨울의 계절.

생사를 동시에 꽃피우며 흐르는
소리의 룸비니에서
그 아픔 함께하고 그 기쁨을 함께 나누는
무디따가 들려주는 작고도 큰 해조음에

진정 귀를 믿는 님들이여,
그 소리와 한몸 되어
나를 듣는 복된 겨울을 누리소서.

옴
마니 파드메 훔
나무아미타불

희망의 꽃
염불

어제는 흰 꽃 같은 눈이 허공 휘날리더니만
오늘 흐르는 물 떨어지는 곳마다 꽃이 피고
버들강아지 바람 따라 이리저리 나부끼네.

한맘 한뜻 소리마다 님을 그리며 염불하니
공덕이 쌓여 문이 열리고 연꽃 속 내가 있고
걸음걸음이 자비로우니 곳곳마다 안락의 땅.
마음은 환희로 가득하고 얼굴은 미소꽃이네.

다냐타 옴 아리다라 사바하
다냐타 옴 아리다라 사바하
다냐타 옴 아리다라 사바하

희망의 꽃 아미타불

그 명호 부르고 부르다 왕생하기 원하옵나니

이 몸 슬피 여겨 크게 맞아 주소서.

도솔원
발원문

시방삼세 모든 부처님께 귀의하옵고,
향 사르고 촛불 밝히고
삼보님의 가피력에 기대어
지극한 마음으로 발원하옵니다.

만겁에도 만나기 어려운
미묘한 해탈법을
어인 공덕으로 이생에 만났으니
닦고 또 닦아
마지막 깨달음을 이룰 그날까지
결정코 물러섬 없이 정진하게 하소서.

우러러 바라옵건대
열반삼매 다 이룰 그때까지
병이 없고 장수하고 일찍 죽지 않게 하소서.

타고난 목숨 다할 때

크나큰 미소 속에서

흉한 모습도 두려움도

뒤바뀐 생각도 없이

몸에는 고통이 없고

마음에는 어지러움이 없게 하소서.

바른 지혜가 분명하여

중음의 몸을 거치지 않고

지옥·아귀·축생의

악도에 떨어지지 않고

안락국토 극락정토에

절로 가서 절로 나게 하소서.

세세생생 날 때마다

건강한 몸을 받고

독재자의 나라, 불법(佛法)이 없는 나라에

태어나지 않고

가난의 고통을 받지 않으며

바른 법을 믿는 집안에 태어나

귀와 눈이 총명하고
말이 정직하고 뜻이 진실하게 하소서.

몸은 단정하고 마음은 청정하며
탐냄과 분노와 어리석음을 지켜보아
마음과 행동이 늘 부드러우며
남의 허물이 보이지 않는
다툼과 분별이 없는 평등한 나날 속에서
입과 몸과 마음을 맑혀
있는 곳마다 안온하여
온갖 장애와 곤란이 절로 사라지게 하소서.

몸은 강건하고 감관은 고요하여
세상 티끌에 물들지 않고
어지러운 생각이 없으며
혼미함과 막힘이 없고
삿된 소견을 내지 않으며
모든 업장을 소멸하고 온갖 선근을 길러 내며
기쁨과 고통에 끄달리지 않고
한마음 한뜻으로

부처님 가르침을 실천할 수 있게 하소서.

이 몸 태어나는 삶마다

부처님의 가르침을 만나

그 눈빛과 그 미소에 마음이 열려

아이로 출가하여

바른 부처님 제자가 되어

대중과 화합하고

가사와 발우를 여의지 않고

삼보를 공경하고

도 닦는 마음 견고하며

교만한 마음이 일어나지 않게 하소서.

늘 청정한 행을 닦고

산을 넘고 물을 건너 밝은 스승을 찾고

바른 법을 깊이 믿고

육바라밀을 부지런히 닦아

그늘진 곳곳에서

한사코 행하게 하소서.

함현자계

경전을 두루 보아 모든 이치를 꿰뚫고

맑은 선정 속에 밝은 지혜를 이루고

위신력과 가피력과 삼매의 힘으로

여섯 가지 신통력을 두루 갖추고

대변재를 얻어

원하는 바 낱낱이 따라 만행을 성취하고

피곤함 없이 중생을 교화하여

타는 가뭄에 단비가 되어

세상의 온갖 고통을 다 건지게 하소서.

비구 함현은

엎드려 발원하옵니다.

이 목숨을 마칠 때

궁극의 평안과 안락의 문이

연꽃 피듯 저절로 열려지이다.

그 문 앞에서

성중과 더불어 이 몸 맞아 정토로 인도해 주실

아미타부처님께

미묘한 빛과 향기로운 소리로

찬탄하고 공양하고 예배 올리옵나니

바라옵건대

부처님의 본원지은(本願之恩)으로

철위산 지옥 중생들이

사무치는 그리움으로

아미타불께 귀의해

불고통 크게 벗어나

청량한 정토에 태어나게 하소서.

사나운 아귀와 어두운 축생들이

무지갯빛 찬탄으로

아미타불께 귀의해

거칠고 아픈 고통 벗어던지고

푸른 정토에 태어나게 하소서.

천상·인간·아수라 세계의 항하사 중생들이

봄비 기다리는 설렘으로

아미타불께 귀의해

여덟 가지 고통 벗어나
정토에 태어나게 하소서.

윤회 길이 여의는 연꽃문 앞에서
성중과 더불어 이 몸 맞아 주실
아미타불이시여!
걸림 없는 향을 사르고
하 맑은 촛불을 올리며
한사코 부르고 사무치게 그리며
참회하고 굳게 믿고 발원하옵니다.

이와 같은 본원지은(本願之恩)으로
제가
모든 마구니 궁전의 노래와 춤에서
찰나 찰나 벗어나게 하소서.

거룩하신 불보살님과 큰 스승님들께 귀의하오니
자비로운 본원으로 저를 거두어 주소서.

연민으로 뭇 중생을 안아 주시는

빛과 생명의 부처님 아미타불이시여!
허공계와 중생계의 일체중생들이
모두 함께 부처님께 귀의하여
고통 여의고 삼악도에서 벗어나
정토의 푸른 연꽃으로 피어나게 하소서.

빛과 생명으로 접인하시는 아미타부처님이시여!
제가 태어날 때마다
머리에 붙은 불을 끄듯 정진하여
다시는 깨달음에서 물러섬이 없는
극락정토에 태어나
더는 윤회에 들지 않게 하소서.

제가 바른 법을 행하고
경을 보고 염불하고
계정혜를 닦아 이루는
진실하고 바른 수행의 열매로써
부처님께 절하고 귀의함으로 삼겠사오니
이와 같은 인연으로
온 법계와 허공계의 중생들이

함현자계

믿음의 문을 크게 열어
한마음으로 해탈지혜를 구하여
부처님께 절하고 귀의하게 하소서.

바라옵건대
하루빨리 모든 번뇌 소멸하고
일체 공덕이 원만해져서
소원대로 복과 지혜를 얻고
인연 있는 모든 불자들과 함께
정토에 가서 나게 하소서.

마하반야바라밀
마하반야바라밀
마하반야바라밀

명품백 들고
극락 갈 수 없다네

"스님, 명품백 들고 극락에 갈 수 있나요?" 얼마 전, 한 불자님이 제게 던진 물음입니다. 이 뜬금없는 질문에 저는 마시던 찻잔을 손에 든 채 그저 웃기만 했습니다. 보다 정확히 말하자면 그럴 수밖에 없었습니다. 무엇보다 저는 이른바 세상에서 말하는 명품백을 한 번도 본 적이 없고, 나아가 그때는 어떤 맥락에서 나온 물음인지를 가늠할 수 없었기 때문입니다. 그럼에도 불구하고 내 몸과 마음은 이 물음에 강렬한 반응을 보인 것 또한 사실입니다. 그것은 내 정신 속에 오래 자리 잡고 있던 명품에 길들어 가는 자아상에 대한 불편한 진실이 불현듯 되살아났기 때문인지 모릅니다.

제가 아는 바로는 명품(名品)이란 작품성이나 예술성을 잘 갈무리하고 있는 흔치 않은 물건을 이르는 말입니다. 조선의 달항아리처럼 거기에는 작가의 순도 높은 미의식과 깊은 사유와 엄밀한 정성이 잘 녹아 어우러져 있는 그 무엇들입니다. 그런데 요즘 유통되고 있는 명품은 반드시 그렇지만은 않은 것 같습니다. 상업화되고 상징화되면서 마땅히 갖춰야 할 품격이 가격에 비해 현저히 떨어진다는 말을 들었습니다. 자비나 사랑이라는 말이 세속화되면서 종종 천박한 의미로 추락하듯이 명품이라는 말도 그 본래적 의미를 잃어 가고 있다 할 것입니다. 불자님이 말한 그 명품백도 이런 부류가 아닌가 싶습니다.

주위를 둘러보면 방방곡곡마다 명품이 넘쳐나고 있습니다. 가방뿐만이 아닙니다. 온갖 분야의 생활용품은 더 말할 것 없고 심지어는 명품 도시, 명품 언어, 명품 얼굴까지 등장하고 있습니다. 특히 미국적인 생활방식과 서양적인 사고방식이 막강한 위세를 떨치고 있는 우리 현실을 보면 프란츠 파농의 〈검은 피부 흰 가면〉이 절로 떠오르기도 합니다. 이제 세상은 명품이 아닌 것은 아예 존재 의미가 없고 그래서 설 자리조차 마땅치 않은 괴이한 가상공간으로 바뀌어 가고 있습니다. 특정한 문화상품과 상징 취향은 날로 난폭한 힘을 얻어 가고 있습니다. 저는 이렇게 불안하고 혼란스러운 현상이 급속히 내면화되어 가는 삶의 현실에 두려움을 느낍니다. 그리고 막연하지만 이것은 물질적 가치를 근간으로 하는 물질문명의 필연적인 멀미 현상이자 빈혈 현상이 아닌가 하는 의구심도 가지고 있습니다.

19세기, 중남미에서는 '부두(Voodoo)교'라는 비교(祕教)가 성행했다고 합니다. 아프리카계 흑인과 인디언의 주술적 의식이 결합된 형태인데, 사람을 죽였다가 다시 살려 내어 노예로 만드는 공포스러운 비밀의식이었습니다. 이렇게 노예가 된 이들은 스스로의 의지나 생각이 없이 주인이 시키는 대로 움직일 뿐입니다. 그래서 일명 '좀비교'라고도 했는데, 누구도 다시 살아나 좀비 인생이 되기를 원치 않았습니다.

이 시대 우리들은 모든 것을 자본으로 환원하는 물질문명의 한복판을 살아가고 있습니다. 이 문명은 과잉생산과 과잉소비를 근간으로 세상을 양극화하면서 끊임없이 희소성의 가치를 개발해 냅니다. 희소성은 물질문명의 핵심적 경제질서로 이것을 소유하면 성공한 인생이고 그렇지 못하면 실패한 인생이라고 광고합니다. 이런 광고는 우리 같은 소시민의 정신을 사로잡고 마비시키는 가공할 최면제로 기능합니다. 대부분의 사람들이 경제가치만을 이야기하면서 홀로 잘살면 그만이라는 논리로 부두교의 좀비가 되어 나날을 살아가게 합니다. 자본이 만든 희소한 그 무엇들, 이것을 소유하지 못하면 그런 자신을 견디지 못하면서 상하로 우위를 비교하고 좌우로 실리만을 추구하게 합니다. 채워지지 않는 결핍감으로 욕망이 욕망을 일으키도록 끊임없이 부추깁니다. 온갖 명품들이 기승을 부리는 현상의 이면에는 이런 파멸적 문명구조가 확고히 버티고 있는 건 아닐까요?

"명품백 들고 극락에 갈 수 있나요?" 이 물음은 어떤 수행자가 조주 스님께 "개에게도 불성이 있습니까?"라고 여쭌 물음과도 흡사합니다. 조주 스님은 묻는 이에 따라 '없다'고도 하고 '있다'고도 했습니다. 명품백의 경우도 마찬가지가 아닐까 합니다. 분명한 것은 자신의 삶이 명품이 되지 못할 때 밖에 있는 명품으로 그것을 대신하려는 뒤틀린 허위 의식입니다. 그러니 문제의 본질은 명품 자체에 있지 않아 보입니다. 참으로 극락정토에 가는 정토행자의 발걸음은 '나'와 '나의 것'이라는 허위 의식의 땅을 밟지 않습니다. 그래서 정토수행이나 상서로운 경험마저 명품으로 소유하지 않습니다. 온갖 비교우위를 따지는 분별을 벗어난 평등안(平等眼)을 얻어 자기 존재 자체를 지고한 삶의 이유로 여깁니다. 뛰어난 정토행자의 삶이란 비교를 뛰어넘어 부처님 삶을 더 가깝게, 자주 실감하는 것입니다. 이런 정토행자는 명품백을 들어도 빛이 나고 들지 않아도 빛이 납니다. 하지만 명품백을 자기로 삼거나 들지 않는 것을 자기로 삼는다면 극락정토는 그와는 십만팔천 리라 하겠습니다.

함현자계

공성의
오두막

짙은 안개 속에서 소를 찾는 듯한 나날을 견딜 수 없었
습니다. 그래서 안팎의 문을 닫아걸고 묵묵히 한겨울을
났습니다. 찬바람이 도솔원의 창문을 흔들 때마다 '공성
(空性, 빈 성품)의 오두막'이 사무치게 그리웠지요. '공성의
오두막(sunyata vihara)'은 우리 부처님께서 머무신 집 이름
입니다. 벽도 없고 문도 없는 집, 그래서 세상과 한몸이
되는 장엄하고도 경이로운 화장계(華藏界)입니다.

'공성의 오두막'은 은유입니다. 그것은 '열반' 또는 '극
락'으로도 불립니다. 나는 벽과 문으로 꽁꽁 갇힌 위리
안치(圍籬安置)의 죄인이 되어 겨울 내내 공성의 오두막
인 극락정토와 그 집의 주인장이신 아미타불을 그리워
했습니다. 그러면서 위리안치의 괴로움도 그 괴로움의
끝인 공성의 집도 지금 여기의 발원지인 자신에게 달려
있음을 깊이 믿게 되었습니다.

이것은 이미 경험했던 이해나 거듭 다져 왔던 각오와
는 다른 돌연한 발견 같은 것이었지요. 무엇보다도 시
도 때도 없이 수행자를 가장하고 나서는 '자아'의 벽이
문제였습니다. 이 벽은 구체적인 참회와 실제적인 발원
없이는 돌파하기가 어려워 보입니다.

저는 이제부터 새살림을 차리려고 합니다. '살림'이란
'산림(山林)'에서 변형된 불교 말입니다. 선행 공덕을 살
뜰히 키우면서 나와 이웃들을 끝없이 살려 나가는 일이
살림입니다. 정토행자의 믿음과 원은 사사로운 것이 아
니라 시방의 정토 가족들이 함께 나눠야 할 공공 재산
이라고 들었습니다. 저는 공성의 오두막인 극락정토를
장엄하는 정토의 살림꾼, 아미타부처님의 본원(本願)을
깊이 믿고 널리 권하는 정토의 종지기가 될 것입니다.

(연문수경)
蓮門手鏡

만약 부처님이 되고 싶다면
진실된 마음으로 아미타불을 생각하라.
그러면 그 찬란한 몸 곧 나타내시니
그래서 나는 귀명하고 예배한다네.

깊이
생각해 보라

깊이 생각해 보라.

이 몸이 태어나기 전에도 모습이 있었을까?

이름이 있었을까?

'나'라는 것이 있었을까?

이 몸이 죽고 나서도 모습이 있을까?

이름이 있을까?

'나'라는 것이 있을까?

태어나기 전의 일도 죽은 뒤의 일도 알 수가 없다. 그
사이의 모습과 이름만을 고집해 '나'라고 여길 뿐이다.
그런데도 어떻게 사랑하고 그리워하고 걱정하고 두려
워하며 종일토록 근심한단 말인가? 근심 걱정에서 벗어
나고 싶은가? 염불하라. 이것만 한 묘약이 없다.

 ── 왕일휴(王日休, ?~1173) 거사의 말씀이다.

아미타불!

(阿彌陀佛)

아미타불!

이 네 음절의 명호
만 가지 공덕을 갖추고 있네.

이 명호 한 번만 불러도
만 가지 불공덕(佛功德)을 갖춰 받는다네.

아미타불!
부르고 부르는 그 공덕이여!

그 공덕
아무리 다해도 다함이 없네.

__ 우익지욱(藕益智旭, 1599~1655) 대사의 게송이다.

바른
수행

한마음 일어나면
그 마음 바로 살펴라.

인색하고 욕심내는 마음
화내고 원망하는 마음
눈도 없이 사랑하는 마음
명예와 이익을 탐하는 마음
질투하고 속이는 마음
나와 너를 나누는 마음
오만하고 아첨하는 마음
삿된 견해의 마음
허망한 마음….

마음은 끊임없이 주체와 대상을 나누고 좋고 싫음의 경
계를 만든다. 염불행자는 일어나고 사라지는 자신의 마

음을 여실히 살피고 점검해야 한다. 만약 거칠고 망령된 마음이 일어나면 바로 큰 소리로 염불하라. 그러면 번뇌가 거두어지고 바른 마음이 드러날 것이다. 염불행자는 번뇌의 마음이 이어지는 그 자리를 염불로 제거하여 말끔히 맑혀야 한다.

　깊이 믿는 마음
　정성이 지극한 마음
　공덕을 회향하고 왕생을 발원하는 마음
　자비롭고 겸손한 마음
　차별하지 않는 마음
　널리 방편을 베푸는 마음….

염불행자는 이와 같은 일체의 선한 마음을 잘 거두고 보호해야 한다. 마땅히 알아야 한다. 극락에 계시는 정토권속들은 모두 악을 끊고 선을 실천한 분들이다. 그리하여 정토에 왕생하여 깨달음에서 물러나지 않게 된 것이다. 이 말에 의지해 수행해 갈 수 있는가? 이것이 정토에 가서 나는 바른 수행이다.

__ 『여산연종보감』에 실린 법문이다.

늦지
않았다

두 다리가 뻣뻣한 송장이 되고 나면
높은 벼슬도 행사할 수 없고
많은 재산도 돌아볼 수 없네.
효순한 아들 손자도 대할 수 없고
어여쁜 아내 고운 첩도 사랑할 수 없네.

세상을 뒤덮는 멋진 책략도 쓸 수 없고
배 속에 그득한 문장도 자랑할 수 없네.
맛있는 진수성찬도 먹을 수 없고
높다란 큰 집에서도 살 수 없네.
장롱에 가득한 옷도 입을 수 없고
창고에 가득한 보물도 지닐 수 없네.
멋진 춤과 청아한 노래도 즐길 수 없고
맑은 강 푸른 산도 유람할 수 없네.

연문수경

저지른 죄업도 닦을 수 없고
원수 맺은 사람과 화해할 수도 없네.
염라대왕의 지옥사자도 피할 수 없고
교묘한 말솜씨도 내세울 수 없네.
인정에 호소하는 뇌물도 쓸 수 없고
권세 가진 친척에게 기댈 수도 없네.
칼날바퀴와 불지옥도 면할 수 없고
말의 배, 나귀의 태도 피할 수 없네.

뻣뻣해지네, 뻣뻣해지네, 뻣뻣해지네.
시간이 정해진 것도 아니고
날짜가 정해진 것도 아니니
첫새벽 멀쩡했던 사람이라도
저물녘을 장담할 수 없네.
목구멍에 붙어 있는 세 치의 숨결
어깻죽지 들썩이며 온 힘을 쏟네.

거리를 가로지르며 웃던 어제의 얼굴이여,
오늘 저녁엔
메마른 뼈다귀로 관에 누워 있구나.

북망산 듬성듬성 높고 낮은 무덤이여,
부엉이 우는 밤에 푸른 단풍 눈물짓나니
천년 세월 흥망성쇠가 개미 떼의 집이요
백년 인생 성공과 실패가 여우의 소굴이로구나.

사람 몸 한 번 잃으면 다시 찾기 어렵다네.
삶의 잔치 다 끝나면 계산서를 치러야 하니
마니로 엮은 백팔염주 손에다 걸어 들고
아미타불 한마디를 마음에 새기게나.
나고 죽는 생사의 강이여,
이생에 건너지 않으면 언제 다시 건너리.
하루빨리 수행하게나, 죽음이 눈앞이네.

　　　　　　 ___ 운서주굉(雲棲株宏, 1535~1615) 스님의 법문이다.

큰 소리로
염불하면

큰 소리로 염불하면 열 가지 공덕이 있다.

첫째, 잠을 없앨 수 있다.

둘째, 하늘나라 마귀들이 깜짝 놀라며 두려워한다.

셋째, 그 소리가 시방세계를 가득 채운다.

넷째, 삼악도의 고통이 잠시 멈춘다.

다섯째, 바깥의 소리가 들리지 않는다.

여섯째, 마음을 산란하지 않게 한다.

일곱째, 용맹하게 정진한다.

여덟째, 모든 부처님께서 기뻐하신다.

아홉째, 삼매가 바로 눈앞에 나타난다.

열째, 정토에 왕생한다.

___ 영명연수(永明延壽, 904~976) 선사의 『만선동귀집』에 실린 법문이다.

믿음이
근본이다

염불하고자 하는 사람은

믿음[信心]을 일으켜야 한다.

믿음이 없으면

아무것도 얻지 못한다.

염불하면 반드시 정토에 왕생함을 믿고

염불하면 반드시 죄업이 소멸됨을 믿고

염불하면 반드시 부처님의 보살핌 받음을 믿고

염불하면 반드시 부처님 증명 받음을 믿어야 한다.

염불하면 임종할 때 반드시

부처님께서 오시어 영접해 주심을 믿고

염불하면 함께 믿는 사람들이 반드시

모두 왕생함을 믿고

염불하여 왕생하면 반드시

연문수경

물러남 없는 수행의 힘을 얻게 됨을 믿고
염불하여 왕생하면 반드시
삼악도에 떨어지지 않음을 믿어야 한다.

이 말을 받아 지녀 행하면 반드시
정토에 왕생할 것이다.

__『여산연종보감』에 실린 법문이다.

염불하는
법

큰 소리로 염불하건 작은 소리로 염불하건
"나무아미타불" 하며 염하건 "아미타불" 하며 염하건
빠르게 염불하건 느리게 염불하건
낭랑한 목소리로 염불하건 속으로 그리며 염불하건
두 손을 모으고 염불하건 무릎을 꿇고 염불하건

부처님을 우러러 염불하건 서쪽을 향해 염불하건
딱치기를 하며 염불하건 목탁을 두드리며 염불하건
염주를 돌리며 염불하건 절을 하면서 염불하건
혼자서 염불하건 대중과 함께 염불하건
집에서 염불하건 밖에서 염불하건

한가할 때 염불하고 정신없을 때 염불하고
걸으면서 염불하고 서서도 염불하고
앉아서도 염불하고 누워서도 염불하여

연문수경

꿈속에서도 그 염불이 끊임없이 이어져야
부처님을 그리워하는 진실된 염불이네.

마음 저린 그 염불에 눈물꽃 떨어지고
사무친 그 염불에 번뇌 불길 재가 되고
찬탄하는 그 염불에 신장님들 환호하고
쉼 없는 그 염불에 귀신들이 통곡하고
지극한 그 염불에 천신들이 환희하네.

"아미타불!" 염불일성에 마왕(魔王)의 궁전이 무너지고
"아미타불!" 염불일성에 검수도산 사라지고
"아미타불!" 염불일성에 백겁 죄업 소멸되고
"아미타불!" 염불일성에
사은삼유 일체중생이 함께 극락왕생하네.

_ 『귀원직지집』에 실린 법문이다.

누구나 할 수 있는
수행법

이 염불법문은 남녀도 승속도 따지지 않는다.
귀하고 착하고 현명하고 어리석음도 따지지 않는다.
한결같이 산란하지 않은 마음으로 염불만 하면
그가 지은 공덕의 크고 작음에 따라
결정코 구품연화대에 왕생하리라.

이 세상 어디에도
염불해서 안 될 사람은 없다.

부귀한 사람은 이룬 것을 마음껏 누리고 사니
염불하기 딱 좋고
가난한 사람은 얽힐 일이 적으니
염불하기 딱 좋고
자식이 있는 사람은 제사 맡길 이 있으니
염불하기 딱 좋고

연문수경

자식이 없는 사람은 자유로운 홀몸이니
염불하기 딱 좋고
효자를 둔 사람은 편안히 공양 받고 사니
염불하기 딱 좋고
불효자를 둔 사람은 사랑과 은혜를 일으킬 일 없으니
염불하기 딱 좋다.

병이 없는 사람은 몸이 건강하니
염불하기 딱 좋고
병든 사람은 죽음이 코앞에 닥쳤으니
염불하기 딱 좋고
나이 많은 사람은 살날이 많지 않으니
염불하기 딱 좋고
젊은 사람은 정신이 맑고 예리하니
염불하기 딱 좋고
한가한 사람은 나날이 한가하니
염불하기 딱 좋고
바쁜 사람은 바쁜 틈에 짬을 내어
염불하기 딱 좋다.

출가자는 부처님과 함께 사니

염불하기 딱 좋고

재가자는 삼계가 불난 집이니

염불하기 딱 좋고

총명한 사람은 정토법문을 많이 아니

염불하기 딱 좋고

미련한 사람은 달리 잘하는 것이 없으니

염불하기 딱 좋고

계 지키고 경전을 보는 이는 염불심이 절로 나니

염불하기 딱 좋고

참선하는 사람은 부처님 마음속에 사니

염불하기 딱 좋고

깨달은 사람은 부처님께서 증명해 주시니

염불하기 딱 좋다.

모든 선남선녀에게 널리 권하나니

머리에 붙은 불을 끄듯 다급히 염불하여

아미타불 구품연대에 연꽃으로 왕생하소서.

그 연꽃이 피어나면 부처님을 뵙게 되고

묘한 가르침 한 말씀에 구경성불하게 되면

이 마음이 본래 부처임을 분명히 알게 되리.

__ 운서주굉(雲棲株宏, 1535~1615) 스님의 법문이다.

염불은 육근을 포섭(包攝)한다

한결같은 마음으로 바르게 염불하되
육근(六根)을 다 포섭하여
육처(六處)가 모두 염불하게 하라.

한결같은 마음으로 바르게 염불하면
눈이 빛깔을 취하지 않으니
이것이 눈이 염불하는 것이요

한결같은 마음으로 바르게 염불하면
귀가 소리에 물들지 않으니
이것이 귀가 염불하는 것이요

한결같은 마음으로 바르게 염불하면
코가 냄새에 흔들리지 않으니
이것이 코가 염불하는 것이요

연문수경

한결같은 마음으로 바르게 염불하면
혀가 맛을 취하지 않으니
이것이 혀가 염불하는 것이요

한결같은 마음으로 바르게 염불하면
몸이 느낌 밖에 있으니
이것이 몸이 염불하는 것이요

한결같은 마음으로 바르게 염불하면
뜻이 법(法)을 짓지 않으니
이것이 뜻이 염불하는 것이다.

한결같은 마음으로 바르게 염불하면
육근을 다 포섭하게 되니
청정한 마음이 이어지고 이어져

방편을 쓸 겨를도 없이
바로 마음이 열려
눈앞에서 부처님을 뵈오리라.

— 명나라 종성백의 『수능엄경여설』에 실린 법문이다.

정토수행을
권하는 공덕

한 사람에게 정토수행을 권해도 이 선한 인연으로 죄악을 없앨 수 있고 복과 수명을 늘릴 수 있다. 나아가 망자의 명복을 빌 수 있고 정토를 장엄할 수 있다. 하물며 다섯이나 여러 사람에게 권하는 공덕이겠는가!

만약 그 사람이 또 다른 사람에게 이리저리 서로 권한다면 법의 보시가 광대하여 그 복덕이 한량없을 것이다. 그래서 〈권수게(勸修偈)〉에서 이렇게 말씀하셨다.

두 사람에게 정토수행을 권하면
자신이 정진한 것과 같고
권한 사람이 열 사람에 이르면
그 복덕 한량이 없다네.
백 명이나 천 명에게 권했다면
이는 진짜 보살이요

그 수가 만 명을 넘는다면

바로 아미타부처님이시네.

___ 왕일휴(王日休, ?~1173) 거사의 『용서증광정토문』에 실린 법문이다.

사료간

(四料簡)

참선만 하고 정토수행을 하지 않으면
열에 아홉이 길을 잃나니
중음(中陰)의 경계가 눈앞에 나타나면
눈 깜짝할 사이에 그것을 따라가리라.

참선하지 못했어도 정토수행을 했다면
만 명이면 만 명 모두 왕생하나니
아미타부처님을 뵈올 수 있겠으니
어찌 깨닫지 못할까 근심하리오.

참선도 하고 염불수행도 했다면
뿔까지 달린 호랑이와 같나니
현세에는 사람들의 스승이 되고
내세에는 부처나 조사가 되리라.

참선도 하지 않고 정토수행도 하지 않으면
시뻘건 쇠 침대와 구리 기둥이 기다리나니
만 겁을 보내고 천 번을 새로 태어나도
믿고 의지할 사람이 한 명도 없으리라.

___ 영명연수(永明延壽, 904~976) 선사의 법문이다.

있는 곳 가는 곳마다
서방정토 되리라

본사 아미타불께 귀의하옵나니

삼악도여, 영겁토록 길이길이 사라져라.

본사 아미타불께 귀의하옵나니

어서 끄자 삼독의 불, 머리칼의 불을 끄듯.

본사 아미타불께 귀의하옵나니

푸른 열반 물결 소리 삼보님을 항상 듣고,

본사 아미타불께 귀의하옵나니

계정혜를 닦고 닦자, 걸음걸음 들숨날숨.

본사 아미타불께 귀의하옵나니

늘 기쁘게 닦아 보세, 부처님의 큰 가르침.

본사 아미타불께 귀의하옵나니

잠깐인들 물러서리, 큰 빛 지혜 향한 마음.

본사 아미타불께 귀의하옵나니

나고 죽음 없는 저 땅, 가고야 말 나의 고향.

본사 아미타불께 귀의하옵나니

연문수경

아미타불 아미타불, 어서 빨리 뵈오리다.
본사 아미타불께 귀의하옵나니
모래알 수 중생 중생, 다 건져서 기쁨 주리.

여래의 열 가지 원은
넓고 깊어 헤아릴 수 없으니
마음마다 생각마다 널리 선양하라.
아미타불께서 세우신 서원이시니
믿고 찬탄하면 모두 다 섭수되어
네 가지 색깔의 연꽃으로
온 법계에 맑은 향기를 퍼뜨리리라.

애욕의 강은 아득하여 끝없이 넓으니
육근을 붙들어 견고하게 묶어야 하리.
한마음으로 보리 언덕에 붙들어 매면
발을 들어 반야의 배에 드높이 오르리라.

아미타불! 이 한 구절의 명호를 높이 들어 염하라.
헤아릴 만한 한 가지 법이 따로 있지 않나니
분명하게 집으로 돌아갈 이 길을 곧장 가리키면

네 부류의 대중과 함께 대각(大覺)의 마당에 오르리라.

아미타불! 이 한 구절을 화두로 삼아
그것만 붙들 뿐 따로 참구하지 말라.
공부가 투철해지면 진흙 덩어리 무너지고
쇠 부처님이 온몸에 진땀을 흘리리라.

아미타불! 이 한 구절은 뛰어난 선법(禪法)이라
한 소리가 끝나지 않았는데 다음 소리 이어지니
마음마다 생각마다 공부가 이뤄지면
있는 곳 가는 곳마다 서방정토 되리라.

아미타불은 불법의 왕이시라
애욕의 강물을 건네주는 자비의 배가 되어
한마음으로 가라앉은 뭇 중생 건져 내어
안락의 땅 서방정토에 이르길 원하시네.

　　　__ 중봉명본(中峰明本, 1263~1321) 선사의『삼시계념의범』에 실린 법문이다.

부처님
아닌 것이 없다

이 마음이 부처님이니
이 마음으로 부처님 되세.
삼세 모든 부처님이
이 마음이 부처님임을 깨달으셨다네.

육도를 윤회하는 중생들
본래 다 부처님인데
거짓에 속아 헤맬 뿐
염불하려 들지 않네.

지혜로운 이는 깨달아 알고
공한 성품을 보아 부처님이 된다네.

석가모니 세존께서
염불법문을 열어 보이셨으니

아미타부처님 원을 세워

염불행자 맞아 주시고

대자대비 관세음보살님

부처님을 머리에 이고

대세지보살님 광명으로

염불행자 섭수하시니

청정한 바다와 같은 대중이

모두 염불하여 정토에 왕생했다네.

동서남북 위아래의 모든 부처님

염불행자 칭찬하시고

조사들께서도 가르침을 세워

염불을 권하셨으니

곧장 가는 지름길 법문은

오직 염불뿐이라네.

역대 조사 스님들

낱낱이 다 염불하시고

고금의 허다한 현자님들

염불삼매에 노닐었네.

연문수경

기이한 인연 내게도 있어
염불법문을 만났으니
부처님과 하나 되리.
이 마음과 하나 되리.

입으로는 언제나 부처님을 부르고
마음으로는 언제나 부처님을 공경하고
눈으로는 언제나 부처님을 바라보고
귀로는 언제나 부처님 말씀을 듣고
몸으로는 언제나 부처님께 예배하고
코로는 언제나 부처님 향기 맡으리.

향과 꽃, 등불과 촛불
항상 공양 올리면서
가건 서건 앉건 눕건
부처님 곁 떠나지 않고
괴롭거나 즐겁거나 좋거나 나쁘거나
아미타불 우리 부처님 항상 잊지 않았더니

입는 옷 먹는 밥까지

부처님 아닌 것이 없고
여기저기 이곳저곳이 모두 다 정토로세.

움직여도 부처님
멈춰도 부처님
바빠도 부처님
한가해도 부처님
사방팔방에도 부처님
아래위에도 부처님

좋은 사람도 부처님
나쁜 사람도 부처님
태어나는 이도 부처님
죽는 이도 부처님
생각마다 부처님이요
마음마다 부처님일세.

죽음이 닥치는 그때가
염불하기 딱 좋은 때이니
손을 놓고 집으로 돌아가

연문수경

부처님을 만나세.

한 가닥 둥근 광명이
성품이 공한 부처님이니
이 한 생각만 깨달으면
그 이름이 부처님이네.

언제나 지금 살아 계시니
그 이름이 무량수불이요
법신 보신 화신불이며
한 몸의 한 부처님이라
천 부처님 만 부처님이
모두 같은 부처님이네.

인연 있는 님들에게
한사코 권하나니
한결같은 마음 다해
아미타불 염불하소.

염불하지 않음은

부처님 잃는 우행(愚行)이요

탐내고 성냄은

부처님 죽이는 광행(狂行)이요

술 취하고 재물 탐함은

부처님 더럽히는 망행(妄行)이요

나와 너 갈라 시비함은

부처님 겁탈하는 짓이라오.

한 호흡 돌아오지 않을 그때

시방세계 어디에서 부처님을 찾을 텐가.

지옥과 삼악도에서는

부처님의 명호조차 들을 수 없으니

만겁 세월 천 번의 생을 두고

염불하지 않은 것 후회하리라.

간곡히 서로 권하여

마음속 부처님 생각하며

얼른 바로 빛을 돌이켜

다른 부처님 찾지 마시게.

생각 생각마다 어둡지 않으면

연문수경

누가 부처님 아니겠는가.
부디 모든 님들이여,
자기 부처님께 귀의하여
서방정토에 회향하며
발원하고 염불하세.

마지막 멎는 그 숨을
관하면서 염불하면
구품연대에 가서 나서
아미타불께 예배하고
맑고 푸른 부처님 눈
걸림 없는 그 눈 얻어
시방세계 부처님을
두루두루 뵙게 되리.

__ 중봉명본(中峰明本, 1263~1321) 선사의 『권념아미타불』에 실린 법문이다.

고덕의
갈열행(渴熱行)

해는 분노하듯 번뜩거리며 날아가고
구름은 불꽃처럼 기세등등 타오른다.
강과 호수는 지글지글 타들어 가는데
풀과 나무는 절반이 누렇게 시들어 가네.

쇠는 녹아지고 큰 돌은 깨지려 하고
사나운 범은 헐떡거리고 독룡은 축 늘어졌네.
문 앞에는 쑥과 풀이 있을 뿐
집에는 기와 조각조차도 없구나.
휘장도 없는 침실에는
아이들 우는 소리만 높아 가네.

김매는 일 끝이 없어 게으를 틈이 없고
물 퍼올려 사는 논밭 살림에
피로함을 잊었으니

얼굴은 새까맣게 타 눈코를 알 수 없고
등짝은 거북 껍데기처럼
가로 세로 갈라졌네.

아, 그대 스님들이여!
마땅히 살펴야 할지니
밭 갈지 않고 먹으며
누에를 치지 않고 입는구나.

화려한 당우와 넓은 빈 방
맑은 물과 굽은 연못이 있는 뜰
휘장은 비취색을 드리우고
대 자리는 유리를 펼친 듯 맑고 시원하구나.

한가로이 샘물과 돌을 찾아
제멋대로 오가고 유유히 앉아서
맑은 바람 밝은 달을 홀로 마주하면서
스스로 노래하고 절로 기뻐하는구나.

머리 돌려 세속일을 한 번 돌아볼진댄

물 마시며 세월 보냈음을 알아야 하리라.

바람신에게 한탄하지 말고

비의 신에게도 화내지 말지니라.

__『치문경훈주』에 나오는 글이다.

부처님께
예배하면

부처님께 한 번의 절만 올려도 그 무릎부터 아래로 금강저에 이르기까지 티끌 하나하나가 모두 전륜성왕의 보위로 변하고 열 가지 공덕을 얻게 된다. 열 가지란 무엇인가?

첫째, 아름다운 몸을 얻는다.

둘째, 말을 하면 사람들이 믿는다.

셋째, 무리 속에 있어도 두려움이 없다.

넷째, 부처님께서 그를 보살피신다.

다섯째, 큰 위의를 갖춘다.

여섯째, 많은 사람이 따른다.

일곱째, 모든 하늘나라 신들이 아끼고 공경한다.

여덟째, 큰 복덕을 갖춘다.

아홉째, 삶이 끝나면 정토에 왕생한다.

열째, 열반을 빨리 증득한다.

__ 영명연수(永明延壽, 904~976) 선사의 『만선동귀집』에 실린 법문이다.

앙산의
밥

앙산의 밥이여, 앙산의 밥이여!
알알이 글 같고 은단 같도다.
이 밥 먹는 이들은
밥이 온 곳의 어려움을 알아야 하니
그대들을 위하여 짧게 들어 보이리라.

이른 봄 해가 뜨면
이들 저들 논밭에서
지아비는 밭을 갈고 아낙네는 김을 매며
해진 옷과 한 줌의 끼니로 춥고 배가 고팠네.
기름진 땅 두둑을 치며 농사일이 시작되니
여윈 소는 종기 난 목으로 무거운 쟁기를 끌었네.

벼꽃은 피었으나 아직 영글기 전인 여름날
하늘엔 비는커녕 뜨거운 태양만 내리쬐네.

연문수경

갈라진 얼굴에 맺힌 땀이 가슴팍을 적시는데
시름겨운 김매기여 강아지풀만 자라누나.

가을 깊어 벼가 익어 황금 들판 출렁이면
낮에는 거둬들이고 밤을 새워 방아 찧네.

관리들이 나라 세금을 다급하게 재촉하니
관채와 사채의 화가 당장 몸에 미쳐 오네.
관채를 갚지 않으면 곤장을 맞고
사채를 갚지 않으면 땅과 집을 팔아야 하네.

부모와 처자식이 배불리 먹은 적이 있던가.
집집마다 쌀을 남겨 공양미를 올리네.

노승이 집집을 돌며 염불하며 탁발하면
시주승이 뒤따르며 공양미를 거두네.
갈라진 굳은살 손발로 일군 쌀이 아닌가.
바람에 빗질하고 비에 머리 감으면서
밤낮으로 지친 그 손발 쉰 적이 없었네.

오경(五更)이라 이른 새벽 운당문(雲堂門)은 닫혔는데
공양간 대중들은 벌써 일찍 일어나서
죽반(粥飯)이 늦어질까 마음 졸이며 염려하니
나날이 아침마다 그 정성 한결같네.

희뿌연 쌀뜨물이 기름처럼 응고되면
거친 뉘 걷어내고 쌀만 건져 불을 지핀다.
물 끓이는 불꽃과 연기 가마솥을 달구니
일하느라 분주하고 힘쓰느라 고단하다.

운판 소리가 끝나고 목어가 울면
단정히 선상(禪床)에 앉아 발우를 편다.
변해서 익어진 공력을 자세히 말한다면
이 산 저 산 큰 스승이라도 받아먹기 어려우리.

향적세계에서 온 것도 아니고
귀신이 올리는 공양도 아니다.
한 수저와 한 국자에서 한 발우에 이르기까지
이는 모두 복을 구하는 시주들의 피땀이다.

유나의 죽비 소리 청아하게 울리면
열 가지 부처님 명호 아름답게 울려 퍼지고
행익이 늦어지면 분노하는 마음 일어나니
두 번째 경계할 것이 생각에서 잊혀진다.

고인들은 저마다 도를 배우느라 바빴으니
선지식을 참방하며 여러 곳을 행각했네.
나무껍질과 풀잎을 삶아 몸을 지탱했으니
어찌 이런 음식으로 주린 배를 채웠을까.

꿈같고 허깨비 같은 일생이라
묻고 찾는 공부는 일찍 끝내야 하니
만약 마음을 밝히지 못한다면
앙산의 이 밥을 소화하기 어려우리.

___『치문경훈주』의 호부상서(戶部尙書) 완중대 글이다.

스스로를
경책하는 글

삼계의 끝없는 감옥에서
재갈 물린 중생들이 심한 고통을 받고 있네.
본래면목 오래도록 잠기고 묻혀 있어
고삐 없는 야생마가 제멋대로 날뛰는구나.

욕망의 불길이 공덕의 숲을 태워 없애고
거센 파도가 무명의 언덕으로 쏠려 들어가네.
어지러운 온갖 무리가 항아리 속의 모기처럼
어지럽게 왱왱 울며 잠겼다가 다시 떠오르네.

일찍이 제석천왕 궁전 뜰에 노닐기도 하고
염라대왕 지옥가마 속에 들어가기도 하다가
돌고 돌아 또다시 사람의 태 속으로 들어와
비린내와 누린내가 엉겼다가 거품이 되었네.

연문수경

한 움큼의 피와 고름이 잠시 동안 붙들었고
두어 줄기 뼈마디가 임시로 지탱하니
칠정(七情)이 치달리나 돌아갈 곳 모르고
육적(六賊)이 다투지만 그 누가 주인인가.
봄바람이 불어와도 옛 물결은 변함없고
여전히 탐내고 화냄이 범과 이리 같구나.

머리와 얼굴 바꿔 달고 몸뚱이를 희롱하며
견디며 소리 삼키고 심한 고초를 달게 받네.
귀함·천함·현능함·어리석음·시비·영욕·나와 남이
예나 지금이나 다르지가 않구나.
하늘을 오고 가는 해와 달을 따라서
흰 수염 붉은 얼굴이 모두 흙이 되었네.

이 몸 잠깐 사이 어찌 한 번 늦어져서
파도 따라 물결 따라 헛되이 흘러 도니
옛 성인과 앞선 현인을 추모하며 생각함에
님들 앞에 소매 가리고 홀로 얼굴 붉어지네.

이제라도 나의 주인공 되찾아 붙잡는다면

삶과 죽음의 마구니가 나와 무슨 상관이랴.
지난날의 온갖 재주 애써 드러내지 말고
오늘 지금 이 생애에 오직 힘을 다하라.

시비의 굴 속으로 머리 돌리지 말고
명리의 문을 넘어 더 높은 곳을 바라보라.
다만 스스로에게서 허물을 찾지
시류들과 함께 어울려 장단(長短)을 겨루겠는가.

한 가닥 신령한 빛이 서쪽을 비춘다면
이 일 저 일 세속일은 되는 대로 버려둘지니
달팽이 뿔에서 헛된 명성 훔치지 말고
부처님을 바라보고 선불장(選佛場)에 나서라.

생로병사는 그것에 내맡겨 두고
다만 한 차례 장한 힘을 써 보라.
수행은 오직 그 끝이 어려우니
청량골을 곧추세워 무너뜨리지 말라.

어김없는 정반성(定盤星)을 잘못 알지 말며

옷 속의 그대 보물을 굳게 지킬지니

원하옵건대

원수거나 친한 이나 시방세계 중생들이

흰소[伯牛]를 함께 타고 곧은 길 가지이다.

_ 천태지원(?~?) 법사의 글이다.

천태지원 법사
참회문

생각해 보니

이 몸은 시작도 없는 옛날부터

뚜렷이 밝은 성품을 잃고 번뇌를 일으켜

나고 죽는 윤회 속에서

갖가지 형상과 모습으로 온갖 고초를 겪어 왔다.

지난 생에 지은 작은 선행이 있었던지

어쩌다 인간세상에 태어나서

아름다운 가풍(家風)에 힘입어

세간을 여의고 출가하게 되었다.

다행히도

먹물 옷 입고 삭발한 사문이 되었으나

청정한 계율을 소홀히 여기며

허물만 많이 지어 왔으니

자비의 눈이 감겨 살아 있는 생명을 해치고
고기를 먹어 더러운 몸을 길렀으며
여러 사람의 재물과 음식을 함부로 침범하고
삼보의 물건을 돌려 쓴 적이 많았어라.

삿된 습관과 그릇된 방법으로
구함에 만족함이 없으며
음행에 빠지고 술을 좋아하여
더욱 피폐해졌으며
부처님을 업신여기고 스님을 무시하며
대승을 비방하였고
의리를 등지고 어버이를 저버렸으며
스승을 헐뜯었네.

허물을 꾸미고 잘못을 포장하여
자신의 덕을 드날렸고
재앙을 바라고 화를 즐거워하며
다른 사람의 재능을 덮었으며
거짓으로 속여 훔치고
명리를 위해 떨고 기면서

옳고 그름으로 싸우고 남과 나로 얽히었네.
악한 생각과 삿된 망념을 잠시도 쉬지 않고
경망스레 들뜨고 요동치며 그친 적이 없었네.

세상일은 더욱 정미롭게 좇으면서도
경전을 독송함은 고달파했네.
밖으로는 위의를 드러내며 속임수를 더했고
안으로는 아만심을 깊이 품어 거칠고 거만 떨며
질투하고 탐욕 부림에 부끄러움이 없었네.

들판의 거친 나무를 어디에 쓸 것인가.
큰 바다는 시체를 오래 머물게 하지 않는다네.
자신에게 도움이 될 만한 선행이 없으니
삼악도에 떨어져 많은 고통을 받으리라.

본사이신 무량수불이시여,
관음·세지 두 보살님과 무량성중이시여,
우러러 원하옵나니
크신 광명 함께 굴려 비춰 주시사
명훈가피 내리시어 건져 주소서.

연문수경

무시이래 지금까지의 모든 업장과

육근과 삼업으로 지은 많은 허물들,

죄의 자성 본래 공함을 한순간에 살펴서

법계 중생과 더불어 함께 청정해지이다.

_ 천태지원(?~?) 법사의 참회문이다.

천태지원 법사
발원문

원합니다. 중생의 삶 다 마칠 그날까지
결정코 다른 마음 내지 않으오리다.

무량수불 아미타불만 한사코 따르오리니
언제나 그리는 맘 옥호광에 매어 두고
생각 생각 금빛 그 몸 떠나지 않으리다.

제가 이제 만약 다시 중생의 살점을 먹거나
술 마시고 음행하며 온갖 중죄를 짓는다면
살아 있는 이 몸 그대로 아비지옥에 떨어져서
만겁토록 구리물과 달군 쇠를 삼키리라.

원합니다. 이내 몸이 마지막 숨을 거둘 때에
앓는 고통 하나 없이 때가 옴을 바로 알아
어둠 속을 헤매지 않고 선근 지혜 밝아져서

업의 빛과 원수 마군이 함께 적멸하여지이다.

향기로운 하늘 음악이 허공에 가득하고
보배 궁전 연화대가 생각대로 드러나며
서방교주 아미타불 끝도 없는 광명 속에
관음 세지 일체 성현 함께 맞아 주옵소서.

손가락 튕기는 사이 안락국에 선뜻 올라
미묘법문 즐겨 듣고 무생법인 깨달은 뒤
가없는 부처님 나라 두루두루 다니면서
일체 제불 공양 올리고 마정수기 받으오리.

모래알 수 무변법계에 이 몸 나눠 다 나투어
미진겁이 다하도록 온갖 중생 제도하고
사바세계 오탁악세에 맹세코 돌아와서
어린 중생 남김없이 정각 이루게 하오리다.

중생업이 다하고 허공계가 다해도
지금 세운 저의 발원 끝내 변치 않으리니
나고 죽고 죽고 나고 미래의 끝에 이르도록

순간순간 쉼이 없이 나의 발원 간직하되

몸과 입과 마음으로 닦고 닦은 모든 선행
허공계와 온 법계에 두루두루 회향하여
사은(四恩)·삼유(三有)·원친(怨親)들이
윤회 고통 벗어나서
아미타불 극락정토에 모두 함께 태어나지이다.

        — 천태지원(?~?) 법사의 발원문이다.

내 살이 곧
중생의 살

내 살이 곧 중생들의 살이니
이름은 다르나 실체는 다르지 않네.
원래 똑같은 한 가지 성품이니
오직 모양새와 몸만 다를 뿐이네.

온갖 고뇌는 저들에게 받으라 하고
달고 기름진 음식 나를 위해 구하니
염왕의 판결을 기다릴 것 없이
스스로 이 일을 생각해 보면 어떨까.

__ 황산곡(黃山谷, 1045~1106)이 육식을 즐기는 소동파에게 준 시라고 전한다.

변재원정 법사의
심사명

아아, 이 몸이여!
그대의 삶은 어떠한가?

음식으로 몸을 기르고
의복으로 몸을 덮고
집으로 몸을 감싸고
약으로 병을 고친다.

기르고 보살핌에
잠시도 어그러짐이 없었건만
이 몸은 그 은혜 알지 못하고
원망만을 일삼는구나.

사대(四大)가 서로 괴롭히고
오장(五臟)이 서로를 속이니

무상한 이 몸은 한순간에 떠나가고
아홉 구멍 곳곳으로 더러움을 토해 내는구나.

종기로 가득한 한 조각 얇은 가죽
이 몸은 탐착하고 아낄 것이 전혀 없네.
마땅히 법에 의지해서 수행하게 할 것이니
세 가지 청정한 관법과
열여섯 가지 바른 사유(思惟)로
한 번 행하여 물러나지 않게 하여
서방정토 안락국에 하루속히 돌아가서
위없는 구경의 지혜를 이루고야 말리라.

__ 변재원정 법사의 글이다.

그대인가,
나인가?

구름처럼 물처럼 머물지 않는 수행자들이여,
묻노니 그대들이여, 무엇을 이루고자 하는가.
타향에서는 피차간에 모두가 객이니
간섭도 하지 말고 나서지도 말게나.

가고 머물고 앉고 눕는 모든 때에
다만 두 쪽의 입술만을 움직이게나.
시시비비가 누군들 없겠는가마는
오롯이 자기 허물만을 점검해야 한다네.

출가자가 입는 옷은 해탈복이니
경솔하게 여겨서는 안 될 옷이네.

뽕과 밭을 경작하지도 않고
부모를 봉양하지도 않으니

연문수경

도업을 닦지 않고 다시 무엇을 하리오.

염라노자가 두렵지 않은가.
뿌린 대로 그 열매 거두듯
지은 대로 그 과보를 받는다네.
이윽고 열반당 들어서야
소리쳐 아버지를 불러서는 안 되네.

가고자 하여도 갈 수 없고
앉고자 하여도 앉을 수 없을 때
바로 이러한 때에
그대인가, 나인가?

__ 파초안곡 선사의 법문이다.

방생
하라

모든 사람이 제 목숨을 아끼고 만물이 살고 싶어하는
데, 어떻게 그들을 죽여 자신의 입을 채우는 음식으로
삼을 수 있겠는가?

혹은 예리한 칼로 배를 가르기도 하고, 혹은 뾰족한 송
곳으로 심장을 찌르기도 하고, 혹은 비늘을 벗기고 껍
질을 벗기기도 하고, 혹은 목을 자르고 살을 베기도 하
고, 혹은 펄펄 끓는 물에 자라와 장어를 산 채로 삶기도
하고, 혹은 소금이나 술에 게와 새우를 산 채로 절이기
도 하니, 가련하여라! 크나큰 아픔을 하소연할 곳이 없
구나. 극도의 고통을 참을 수가 없구나.

이 같은 악업을 지어 만세에 원한을 맺었으니, 하루아
침에 덧없는 죽음이 찾아오면 곧바로 지옥에 떨어지리
라. 확탕지옥, 노탕지옥, 검수지옥, 도산지옥에서 차례

연문수경

로 죗값을 받고 나면 다시 축생이 되어 원한은 원한으로 갚고 목숨은 목숨으로 보상해야 하리라.

악업이 다해 사람으로 태어나도 병이 많아 요절하거나 짐승에게 물려 죽거나 전쟁터에서 죽거나 관청의 형벌을 받아 죽거나 독약을 마시고 죽을 것이니, 이 모두가 살생이 불러온 결과이다.

세상 사람이여, 소식(小食)을 하며 하루 한 끼만 먹으라고는 하지 않으리라. 다만 그대에게 권하나니 삼가 살생을 하지 말지라. 살생을 삼가는 집안은 선신들이 옹호하기에 뜻밖의 재앙이 소멸하고 수명이 늘어나고 자손이 현명하고 효순할 것이니, 상서로운 일들이 하도 많아서 낱낱이 다 늘어놓기 어렵다.

힘닿는 대로 방생하고 거기에 더해 염불까지 한다면, 복덕을 늘리고 높일 뿐만 아니라 소원대로 정토에 왕생하여 길이 윤회를 벗어나고 물러서지 않는 경지에 들어갈 것이다.

— 운서주굉(雲棲株宏, 1535~1615) 스님의 법문이다.

살생을
경계하는 송

너무도 어리석구나.
세상 사람들은 날마다
아침마다 바보 같나니
중생들 몸의 살을 저미고 잘라
제 얼굴에 기름기만 더하려 하네.

세 치의 목구멍은 바닥이 없으니
어느 해 어느 날에 가득 찰 건가.
아침나절 한 끼면 흡족하련만
먹자마자 또다시 배고파하네.

칼에 몸이 잘리는 그 고통 모른 체하고
기름기가 적다고 불평만 하니
천만 냥을 준다고 한들
그 누가 칼로 제 몸을 찌를 수 있을까.

연문수경

지옥의 혹독한 고통을 믿지 않지만
목숨이 다하는 날에 알게 되리라.
나는 새와 기는 짐승뿐만 아니라
모든 생명이 내 부모요 자식이라네.

어화 세상 사람들아, 이 게송을 보고
자비심 굳게 지녀 살생하지 마소.

__ 포대(布袋, ?~917) 화상의 살생을 경계하는 게송이다.

고기 먹는
이들에게

고기 먹는 이들에게 한마디 해야겠네.
고기 먹을 때 잠시의 주저함도 없구나.

이생은 지난 생에 심은 나무,
오는 생은 오늘 심는 나무.
그저 오늘의 즐거움에만 취해
오는 생의 괴로움을 근심하지 않으니
밥통에 들어간 늙은 쥐처럼
배는 부르지만 나오기가 어렵구나.

지난 생에도 그러하더니
이생에도 깨달으려 하지 않네.
그대의 오늘은 지난 생의 오늘.
오늘과 어제가 따로 따로가 아니니
오늘 닦지 않는다면

연문수경

오는 삶도 변함없는 오늘의 삶 그대로지.

두 언덕 어디에도 배가 없으니

아득한 저 물결 건네주기 어렵구나.

내 입은 늘 채소를 먹는데

그대는 배를 항상 고기로 채우는구나.

내 보기에 그대는 항아리 몸통 같지만

그대는 나를 보고 대처럼 수척하다며 웃겠지.

나는 수척하지만 원수진 일 없는데

그대는 비대하지만 그렇지 않을까 걱정이네.

이런 말 비록 귀에 거슬리겠지만

부탁이니 그대여

찬찬히 읽어 보게나.

> __ 당나라 초 한산(寒山, ?~?) 스님의 살생을 경계하는 시이다.

먼저
자신부터

천 개의 불탑을 세우는 것이
한 목숨을 살리는 것만 못하다.

살생하려는 사람은
먼저 자신부터 관찰해야 하리.

자신을 스스로 죽일 수 없다면
다른 생명 또한 어찌 다르겠는가.

방생이 왕생의 지름길이다.

    — 규봉종밀(圭峰宗密, 780~841) 대사의 『원각경대소초』에 실린 구절이다.

질병의 치유를 바란다면
방생하라

전생에 고기를 많이 먹은 일 때문에

금생에 그 과보로 병들어 고생하네.

온몸 가득히 침과 뜸을 놓고

아침부터 저녁까지 고통 속에서 지낸다.

의술이 아무리 뛰어나다 하여도

숙세의 업을 어찌 없앨 수 있겠는가.

그대여, 불보살님께 부디 빌고 참회하라.

간절한 마음으로 부처님 말씀을 듣고 들어라.

아미타부처님은 바로 큰 의왕이시라

병들어도 걱정 없는데 따로 방법을 찾네.

그저 한마음으로 오로지 염불할 수만 있다면

육근과 사대가 스스로 맑고 상쾌하리라.

_ 조선 중기에 편집된 『통록활요』에 나오는 글이다.

세 가지
왕생하는 마음

몸으로 저 부처님께 예배하고
입으로 저 부처님을 부르고
뜻으로 저 부처님을 관하라.
이 세 가지 업이 진실한 것을
지성심(至誠心)이라고 한다.

번뇌 구족한 몸으로
삼계를 윤회함을 알고
아미타불의 본원에 따라
십념(十念)을 이루어 정토에 가서 나라.
이를 알고 믿어
한 생각이라도 의심이 없는 것을
심심(深心)이라고 한다.

지어 온 온갖 선근을

모두 다 왕생에 회향해야 하니

이것을 회향발원심(回向發願心)이라고 한다.

이 세 가지 마음을 갖추면 반드시 왕생한다.

__ 선도(善導, 613~681) 화상의 법문이다.

회향하는
게송

시방삼세 부처님네
아미타불 으뜸이라.
구품으로 제도하시는
위덕(威德)도 끝없는 님.

나 이제 절하옵고
삼업 큰 죄 참회하고
지어 온 복과 선행
아미타께 회향하오니

함께 님 그리는 이
극락정토 태어나서
님 뵙는 그 순간에
생사고해 벗어나고

님과 같이 모든 중생
남김없이 건지오리.

원합니다. 이 목숨 마칠 때
모래알 거침새 다 사라져
웃는 미타 이 몸 맞아 주시사
안락정토 가서 나지이다.

__ 대자보살께서
부처님을 찬탄하고, 죄를 참회하고, 회향하고, 발원하신 게송이다.
일체의 죄를 소멸하고 일체의 복을 늘어나게 하는 큰 힘을 지니고 있다.

무상의
신호

한 노인이 죽어 염라대왕을 만났는데, 염라대왕이 미리 신호를 주지 않았다고 탓하였다. 그러자 염라대왕이 말했다.

"나는 여러 차례 신호를 보냈다. 너의 눈이 점점 침침해진 것이 첫 번째 신호였고, 너의 귀가 점점 어두워진 것이 두 번째 신호였고, 너의 이가 점점 빠진 것이 세 번째 신호였다. 너는 온몸의 그런 신호들을 보고도 정말 그 기미를 몰랐단 말인가."

한 소년이 죽어 역시 염라대왕을 탓하며 말하였다.

"저는 눈도 밝고 귀도 밝으며 이도 날카롭고 몸도 튼튼합니다. 대왕께서는 왜 저에게 죽음의 신호를 보내지 않으셨습니까?"

연문수경

염라대왕이 말했다.

"너에게 여러 신호를 보낸 적이 있지. 너 스스로 그것을
살피지 못했을 뿐이다. 동쪽 이웃 중에 나이 사오십에
죽은 이가 있었고, 서쪽 이웃 중에 나이 이삼십에 죽은
이가 있었다. 게다가 열 살도 못 되어 죽고 젖먹이 때
죽은 아이도 있었지. 그것이 신호가 아니고 무엇인가?
좋은 말은 채찍의 그림자만 보아도 달린다. 꼭 송곳이
피부를 찌를 때를 기다려 아픔을 느껴야 하는가."

___ 운서주굉(雲棲株宏, 1535~1615) 스님의 『운서법휘』에 실린 법문이다.

떠날
준비

낮이 있으면 반드시 밤이 있으니

반드시 밤을 준비해야 하네.

여름이 있으면 반드시 겨울이 있으니

반드시 겨울을 준비해야 하네.

삶이 있으면 반드시 죽음이 있으니

반드시 죽음을 준비해야 하네.

밤 준비는 어떻게 해야 할까.

등불과 촛불, 침상과 이불이지.

겨울 준비는 어떻게 해야 할까.

이불과 갖옷, 숯과 장작이지.

죽을 준비는 어떻게 해야 할까.

복덕과 지혜에다 정토수행이지.

＿ 왕일휴(王日休, ?~1173) 거사의 게송이다.

보고 들을 때마다
염불하라

나쁜 소리가 귀에 들리거든 "나무아미타불" 하고 염불하여 그 재앙을 없애고, 모든 사람이 나쁜 짓을 저지르지 않게 되기를 축원하라.

좋은 일이 눈앞에 보이거든 "나무아미타불" 하고 염불하여 그를 칭찬하고 도우면서, 모든 사람이 좋은 일을 하게 되기를 축원하라.

아무 일도 없거든 속으로 아미타부처님이 항상 내 앞에 계신다 생각하고, 그 생각이 이어져 늘 잊지 않도록 하라.

이렇게 하는 사람은 반드시 정토에 왕생할 것이다.

__『정토지귀집』에 실린 법문이다.

극락송

(極樂頌)

내 나이 칠십하나
다시는 시 짓고 시 읊지 않으리.
경전 읽는 것은 눈 힘만 허비하는 것이요
복을 짓는 일 또한
분주한 물결에 휩쓸릴까 두렵네.

어떻게 마음을 제도할까.
"아미타불!"
다만 이 한 소리뿐이라.

걸을 때도 "아미타불".
앉아서도 "아미타불".

비록 화살처럼 바쁠지라도
"나무아미타불"

그치지 않으리라.

통달한 이는
아미타불만 염하는
나를 보고 웃겠지.
통달하면 또 어찌할 것이며
통달하지 못하면 또 어떠하리.

법계 이웃들에게 권하노니
아미타불 함께 염하세나.
윤회의 괴로움 벗어나려면
부디 아미타불을 염해야 하리.

　　　　　　　　__ 향산거사 백거이(白居易, 772~846)의 시다.

복혜설

사람은 복덕과 지혜를 겸하여 닦지 않으면 안 된다.
지혜만 닦고 복덕을 닦지 않으며 명료하나 곤궁하고
복덕만 닦고 지혜를 닦지 않으면 부귀하나 어리석고
복덕과 지혜를 함께 닦으면 부귀하면서 명료하고
두 가지 모두 닦지 않으면 어리석으면서 곤궁하다.

부처님께서는 복덕과 지혜를 겸하여 닦으셨기에
두 가지를 다 갖추신 양족존(兩足尊)이시다.

복덕만 닦고 지혜를 닦지 않으면
코끼리 몸에다 영락 구슬을 걸친 꼴.
지혜만 닦고 복덕을 닦지 않으면
아라한이 되어도 공양물이 적으리라.

복덕과 지혜를 겸하여 닦고

더하여 아미타불을 염하면

구품의 연꽃 속에 태어나리니

이것이 으뜸임을 의심해 무엇하리.

비록 복덕과 지혜를 닦는다 해도

아미타불을 염할 줄 모른다면

아라한도 되지 못할뿐더러

윤회가 끝날 날이 없으리라.

작은 것을 얻어 만족하면서

원력의 큰 마음이 없기 때문이다.

　　__ 왕일휴(王日休, ?~1173) 거사의 『용서정토문』에 실린 법문이다.

염불하는
수행자들에게

깊고 고요해 말이 없음에 뜻이 더욱 깊으니
묘한 그 이치를 누가 능히 헤아릴 수 있겠는가.
앉고 눕고 가고 옴에 다른 일이 없이
마음 다해 염불하는 것 가장 당당하여라.

자기 성품인 아미타불 어느 곳에 계시는가.
언제나 생각 생각 부디 잊지 마세.
하루아침에 갑자기 생각조차 잊으면
물건마다 일마다 감출 것이 없으리.

아미타불 염할 때 부디 사이 떼지 말고
하루 종일 언제나 자세히 지어 가라.
하루아침에 저절로 이곳에 이르면
동쪽 하늘 서쪽 하늘이
털끝만큼도 간격이 없으리라.

연문수경

사람들이 잘못 걸어 고향에 돌아가지 않기에
이 산승이 간절히 청하고 또 청하니
염불하는 실마리를 뜨거운 것에 두면
하늘과 땅을 뒤덮고 꽃향기를 맡으리.

생각 생각 잊지 말고 스스로 지녀 염하되
부디 늙은 부처 아미타불을 보려고 하지 말라.
하루아침에 문득 정의 티끌이 떨어지면
세워 쓰거나 가로 들거나 항상 떠나지 않으리라.

아미타불 아미타불 어느 곳에 계시는가.
마음에 새겨 두고 부디 잊지 말지니
생각이 다해 생각 없는 곳에 이르게 되면
여섯 문이 언제나 자금광(紫金光)을 놓으리.

몇 겁이나 괴로이 육도윤회를 돌았던가.
금생에 인간으로 난 것 가장 희귀하여라.
권하노니 그대들 아미타불을 염할지니
어렵사리 만난 이 기회 헛보내지 말라.

끝없어라, 육도윤회 언제쯤 그칠 건가.

떨어질 곳 생각하면 실로 근심스럽네.

미타염불 놓지 말고 부지런히 정진하여

세상 번뇌 떨어 버리고 그곳에 돌아가라.

___ 나옹혜근(懶翁惠勤, 1320~1376) 선사의 염불을 권하는 게송이다.

염하고
염하세

소동파가 좌천되어 황주로 가는 길에 아미타부처님을 그린 족자를 지니고 갔다. 이를 본 어떤 사람이 그 까닭을 묻자 "이분은 내가 서방정토에 가서 뵈올 우리 부처님[佛公]이시네."라고 대답하고 이어 이렇게 노래했다.

미타불을 염하고 또 염하세나.
칠십 세도 살기 어려운 인생이 아닌가.
괴로운 삼계를 오가면서
아미타불을 알고 간 이 몇몇이런가.

염하고 염하세 우리 아미타불.
한 생을 오롯이 님만을 향해
이 마음 청정함을 깨달았으니
흰 연꽃 백련화가 이것이라네.

__ 소동파(蘇東坡, 1036~1101)는 동파거사로 불렸다.

수행자는 생각 생각마다
염불해야 한다

염불수행자는 하루 종일 생각 생각마다 끊어짐 없이 부처님 명호를 외우고, 아미타불의 명호를 마치 자기 생명처럼 여겨 마음에 지녀야 한다. 서 있을 때나 앉아 있을 때나 누워 있을 때나 항상 아미타부처님의 명호를 외워야 한다. 어려운 일이 생겨 화가 났거나 또는 좋은 일이 생겨 즐거울 때에도 아미타부처님의 명호를 외워야 한다. 화난 번뇌를 그치려면 단지 아미타부처님의 명호를 외우면 된다.

성냄의 번뇌에서 벗어나고자 하는가? 다만 아미타불의 명호를 염하고 또 염하라. 이러한 번뇌가 나고 죽음의 뿌리이므로 우리의 번뇌를 떠나고 나고 죽음의 고통을 면하기 위하여 아미타부처님의 명호만을 외워야 한다. 번뇌를 떠나기 위하여 부처님 명호를 외우는 사람은 생사윤회를 끝낼 수 있다.

연문수경

만일 부처님 명호를 외우면서 번뇌를 극복할 수 있다면, 그 사람은 꿈속에서도 번뇌를 극복할 수 있다. 만일 꿈속에서도 번뇌를 극복할 수 있다면, 병 들었을 때에도 번뇌를 극복할 수 있다. 병 들었을 때에도 번뇌를 극복할 수 있다면, 마지막 임종의 순간에도 번뇌를 극복할 수 있다.

이 일이 이처럼 분명하니, 이 사람은 정토에 왕생할 수 있다. 아미타불을 염하는 이 일은 어렵지 않다. 다만 생사의 윤회를 끝내기 위해서는 진실하고 간절한 마음이 필요할 뿐이다. 다른 어떤 것도 생각하지 않고, 오랜 기간 아미타불 명호만 부르면, 커다란 지복을 얻게 된다. 누구라도 부처님 명호를 외우고 이 법을 수행할 수 있는 사람이 진실한 염불수행자이다.

_ 감산덕청(憨山德淸, 1546~1622) 선사의 법문이다.

단한번
이라도

'아미타불!'
이 명호를 듣고
깊이 기뻐하는 마음으로
단 한 번이라도
아미타불을 부르는 님은
반드시 서방정토에 태어나리.

__ 선도(善導, 613~681) 대사의 『왕생예찬게』이다.

원왕생
원왕생

달님이시여, 이제
서방정토까지 가시나이까.
무량수부처님 앞에
알리어 여쭈어 주소서.

다짐 깊으신 부처님께 우러러
두 손 모아서
원왕생 원왕생 그리는 이
예 있다 아뢰소서.

아! 이 몸 버려 두시고
사십팔원 이루실까.

_ 광덕 스님의 향가 〈원왕생가〉이다.

도 닦아
기다리런다

나고 죽는 갈림길이 여기에 있으매

가로막히고

나는 갑니다라는 말도

못다 이르고 가시는가.

어느 가을 이른 바람에

여기저기 떨어질 나뭇잎같이

한 가지에 나고도

가는 곳 모르누나.

아아, 아미타불 나라에서 만날 나

도 닦아 기다리런다.

__ 월명 스님의 향가 〈제망매가〉이다.

연문수경

한 중생도
버리지 않으시는 광명

저 부처님의 광명은 무량하여 시방세계를 두루 비추신
다. 걸림 없이 비추시는 맑은 광명으로 염불하는 중생
중생들을 다 살피고 보호하신다. 한 중생도 버리지 않
는 광명이시기에 '아미타'라 부른다.

__ 선도(善導, 613~681) 대사의『왕생예찬』말씀이다.

염불인은
여래의 으뜸 제자

아미타부처님의 명호를 듣고 기쁜 믿음이 샘솟아 미타
불께 귀의하고 우러러 가르침대로 수행하는 선남자 선
여인은 크나큰 이로움과 무너지지 않는 공덕을 얻게 되
리라. 스스로 잘나고 못난 자기상에서 벗어나 온갖 선
근을 성취하여 원만히 기르고 잘 키워 나가리라. 마땅
히 알라. 이와 같은 선남자 선여인은 여래의 으뜸가는
제자이니라.

그대들 천인·세간·아수라에게 이르노라. 그대들은 이
가르침을 기쁘게 받아들이고 실천하라. 나아가 만나기
어려운 이 희유한 가르침에 늘 감사하라. 또한 이 가르
침이 자신을 이끌어 주는 오직 한 스승임을 굳게 믿으
라. 그리하여 가없는 중생들이 하루빨리 불퇴전의 자리
에 편히 머물도록 하라.

장엄하고 수승한 극락정토에 가서 날 공덕을 성취하고
자 하는가. 그렇다면 더욱 힘써 닦는 마음을 일으켜 이
가르침에 귀를 기울이라. 이 가르침을 구하고자 하는
가. 물러서거나 굴복하거나 아첨하거나 속이는 마음을
내지 말지니라.

큰 불길 속에 들어갈지라도 의심하거나 후회해서는 안
된다. 무슨 까닭인가? 저 헤아릴 수 없이 많은 보살들이
목숨 들어 이 가르침을 희구(希求)하기 때문이니라. 저
헤아릴 수 없이 많은 보살들이 이 가르침을 받들고, 귀
기울이고, 거스르는 마음을 내지 않기 때문이니라.

그대들에게 이르노라. 그대들은 헤아릴 수 없이 많은
보살들이 얻어 듣고자 해도 듣지 못하는 이 가르침을
기쁘게 받아들이고 실천할지니라.

_『무량수경』

일심불란

(一心不亂)

옛사람들은 "눈 밝은 스승을 가까이하고 선지식(善知識)을 찾아 구하라."고 했다. 그러나 선지식에게 입으로 전하고 마음으로 줄 수 있는 비밀스러운 법문이 있는 것은 아니다. 오직 집착과 속박에서 벗어나게 하는 법이 있을 뿐이다. 이 법이 바로 비밀인 것이다.

오직 아미타불의 명호만을 가져 지녀라. 어지럽지 않은 한마음으로 오직 아미타불의 명호만을 가져 지녀라. '집지명호일심분란(執持名號一心不亂)'이 여덟 글자가 집착과 속박에서 벗어나는 비밀스러운 법문이요, 생사에서 벗어나는 크고 당당한 길이다. 아침에도 염불하고 저녁에도 염불하라. 다닐 때도 염불하고 앉을 때도 염불하라. 생각 생각마다 공부가 이어지면 저절로 삼매를 이룰 것이다.

— 자조종주(慈詔宗主)의 말씀이다.

무상

덧없는 목숨은 흐르는 물보다 빨라 오늘은 비록 있더라도 내일을 보장하기 어렵다. 언제 무너질지 모를 이 목숨이니, 어찌하여 마음을 멋대로 두어 나쁜 법에 머물겠는가.

> 태어난 모든 것들은
> 끝내 죽음으로 돌아간다.
> 죽지 않고 길이 살 것 같지만
> 마지막 그날은 예고 없이 문득 오네.
> 팔팔하던 것은 반드시 시들고
> 만남에는 어김없이 헤어짐이 따르네.
> 젊은 시절은 오래 머물지 않고
> 눈부신 용모는 병들고 늙어지네.
> 태어나면 죽고 죽으면 태어나니
> 변하지 않는 몸과 마음 어디에도 없네.

__『대열반경』

지혜의 빛을
돌이켜

조용한 방에 몸을 바로 하고 단정히 앉아 보라. 인연의 번거로움을 쓸어 버리고 인정의 티끌을 끊어 버려라. 깨인 눈을 바르게 떠 밖의 경계에도 안의 고요에도 머물지 말라.

지혜의 빛을 돌이켜 한바탕 크게 비추면 안팎이 함께 고요해지리라. 이런 연후에 깊고 고요하게 '나무아미타불'을 열 번 소리 내어 염(念)하라.

"지혜의 빛을 돌이켜 자신의 성품을 보면 부처를 이룬다." 했다. 그렇다면 무엇이 자기 본성의 아미타불인가. 살펴보고 또 살펴보라. 염불하는 당처(當處)를 비춰 보라. 동시에 '비춰 보는 자가 누구인가.'를 참구하라.

또렷이 깨어 어둡지 않게 지어 가라. 닭이 알을 품듯 지어 가되, 가고 머물고 앉고 누울 때도 한결같이 이어지게 하라. 이와 같이 염불하고 이와 같이 비춰 보고 이와 같이 참구해 나가면 가고 머물고 앉고 눕는 곳에서 소리를 듣고 빛깔을 봄에 홀연히 밝게 깨달아 자성미타를 보게 될 것이다.

그러면 안팎의 몸과 마음을 한꺼번에 벗어나 온 세상이 바로 서방정토이고 삼라만상이 자기 아님이 없게 되리니, 고요하되 비춤을 잃지 않고 움직이되 고요함을 떠나지 않을 것이다.

_『연종보감』

악업의
불길

염라노자가 말했다.

"그대여,
지옥행이라는 말만 들어도
그렇게 두려운가!

그렇다면
지옥불에 휩싸여
그대 몸이 탈 때는 어떻겠는가?

마른 장작이 타듯
그대 몸이 활활 타오를 때는 어떻겠는가?

타는 것은 그대 몸이 아니요
태우는 것은 불이 아니네.

연문수경

타는 것은 그대의 악업이요

태우는 것은 진리의 불꽃이라네.

불은 다 타면 꺼질 수 있건만

그대 업의 불꽃은 언제나 꺼지려나."

_『정법염처경』

울부짖지
말라

지옥중생이 울부짖었다.

"보이는 것이 다 불꽃뿐이네.
하늘과 땅이 온통 불꽃뿐이네.
대지 곳곳에도
악업의 지옥중생들뿐이네.
나는 이제 어디에 의지한단 말인가.
찾고 찾아봐도 함께할 이 없구나.
지옥의 끝없는 어둠 속
나는 저 불덩어리 속으로 들어가네.
해도 달도 별도 없는
저 불구덩이 속으로 들어가네."

지옥사자가 대답했다.

연문수경

"영겁토록 타리라.
지옥불이 그대를 영겁토록 태우리라.
어리석어 지은 그 악업
후회한들 무엇하랴.

그대는 이제
천·인·아수라·건달바·용·귀신이 아니다.
악업의 올무에 묶인 지옥중생일 뿐이다.
울부짖지 말라.
너를 구할 수 있는 이는 어디에도 없다.

불타는 지금의 고통은
움켜쥔 한 움큼의 바닷물과 같나니
받아야 할 그대의 남은 고통은
큰 바다에 넘실대는 바닷물과 같으리라."

__『정법염처경』

무슨 즐거움이
있으리오

오늘은 이미 저물었으니
목숨이 그만큼 줄었구나.
마치 작은 물속의 물고기와 같으니
여기에 무슨 즐거움이 있으리오.

_ 『출요경』

죽음을
향해 가네

백정이 소를 끌고
도살장에 가는 길,
소는 걸음 걸음
죽음에 가까워지네.

하루하루 흘러가는
세월의 걸음 따라
이내 몸도 자욱자욱
죽음을 향해 가네.

__『마야경』

부처님을
생각하라

흐르는 물은 고이지 않고
맹렬한 불길은 오래 타지 않는다.
뜨는 해는 잠깐 사이에 지고
둥근달은 이내 이지러진다.

영화롭고 존귀한 삶들도
덧없이 한순간에 사라져 가나니
부지런히 정진하며
부처님을 생각하라.

_『죄업응보경』

연문수경

마치 옥중의
죄수처럼

지혜로운 이는 늘 근심을 품고 산다.

마치 옥중의 죄수처럼.

어리석은 이는 늘 웃고 즐거워한다.

마치 광음천(光音天)* 의 신처럼.

___『대염처경』

* 광음천은 색계 제2선천의 하나로서 극광정천이라 불
리기도 한다. 이 천(天)의 말을 하면 입에서 청정한
빛이 나와서 그 빛이 언어가 된다고 한다.

말없이 힘써
수행해서

갖가지 악업으로 재물을 얻어
처자를 양육함을 즐거움이라 여기지만
목숨이 다할 때 몸을 조이는 고통은
아내도 자식들도 구해 주지 못한다.

삼도(三塗)의 두려움 속에서는
처자도 지인도 만날 수 없고
거마(車馬)며 재보는 남에게 돌아가니
뉘라서 받는 고통을 함께 나눌 수 있겠는가.

부모, 형제, 처자, 친구, 이름과 재물.
죽으면 어느 것 하나 함께할 수 없구나.
오로지 지은 업만 나를 좇아 따르니
염왕은 그 업을 밝게 살펴 안다네.

연문수경

염왕이 죄를 만들어 벌하는 것이 아니다.
지은 죄가 스스로 벌로 오는 것이네.
스스로 부른 업보는 대신해 줄 이 없으니
부모라도 처자라도 구해 줄 수가 없다네.

말없이 힘써 수행해서
악업의 굴레에서 멀리 벗어나야 하리.
족쇄가 되는 업을 버리고 벗어나
안락(安樂)함을 구하는 법을
잘 닦아 이뤄야 하리.

_『대보적경』

허망한 세간법을
멀리 여의면

몸은 아홉 구멍으로 더러움을 토해 내니
끝이 없는 그 더러움 바다와도 같도다.
얇은 가죽으로 그것을 싸서 가리고 감추면서
보석을 빌려서 아름답게 꾸미네.

지혜의 눈은 보면 곧 아나니
허망한 그 몸에 애착하지 않는다.
사나운 불길 곁의 옴 오른 환자.
잠깐의 시원함 뒤엔 고통이 더하네.

몸을 애착함도 그와 같아서
잠깐의 즐거움 끝엔 근심뿐이네.
부정(不淨)한 몸의 실상 꿰뚫어 보면
공(空)이요 무아(無我)요 괴로움이니
이와 같이 보는 눈을 얻어 가지면

으뜸가는 이로움을 얻게 되리라.

용모가 잘생기고 문벌이 좋아도
계행과 지혜가 없는 삶은 어디서나 어둡고
못생기고 천한 신분에 배움이 적더라도
계행과 지혜가 있는 삶은 언제나 빛난다.
팔풍(八風)에 흔들리지 않는 이 누구인가.
이런 이야말로 최상의 삶을 사는 이다.

사문, 바라문, 부모, 처자, 권속.
그들의 뜻을 따라 주고자
불선(不善)을 행하고 비법(非法)을 짓지 마라.
이들을 위해 지은 불선과 비법의 업으로
미래에 큰 고통을 온몸으로 겪게 되리라.

악업을 짓고도 바로 그 과보를 받지 않는 것은
칼에 베여도 다치지 않은 것과는 다르니
숨 거두는 순간에 그 업은 드러나서
지옥에 들어가 온갖 고통을 겪게 된다.

믿음, 계행, 보시, 배움, 지혜, 뉘우침, 부끄러움.
이는 일곱 가지 성스러운 재물이다.
이는 고통을 벗어나는 진귀한 보물이다.
만족함을 아는 이는 가난해도 큰 부자요
만족함을 모르는 이는 부유해도 걸인이다.
욕망이 욕망을 만들어 그 욕망 끝이 없나니
머리가 여럿인 용이 겪는 괴로움과도 같도다.

욕망하는 그 마음은 독약과도 같나니
지혜의 물로 씻고 씻어 청정케 하라.
이 몸을 지탱하기 위한 것일지라도
즐거움을 탐하고 교만을 키우지 말라.
욕망에 물드는 삶을 멀리하고
위없는 해탈도를 묵묵히 행하라.

몸을 조화롭고 고요하게 한 뒤
맑고 바르게 재계(齋戒)를 수행하라.
하룻밤을 다섯 때로 나누어 행하되
잠은 자정이 지난 첫새벽에 들라.
이른 밤, 한밤, 늦은 밤

일어나고 사라지는 몸과 마음을 여실히 관하며
겨우 만난 불법인연을 헛보내지 말라.

몇 줌의 소금을 갠지스강에 던져도
강물은 짜지 않고 그 맛으로 흐르듯
미세한 악이 선(善)의 강물에 들어도
선의 맛과 향은 달라지지 않는다.

욕망 없는 천국의 즐거움을 누리더라도
무간지옥 불길의 고통에 떨어질 수 있고
하늘 궁전의 오색광명을 누릴지라도
지옥의 어둠 속으로 들어갈 수 있다.
쉼 없이 타오르는 팔대지옥 지옥불은
중생의 악업이 지은 슬픈 열매다.

지옥불의 고통을 상상해 보라.
생각하는 것만으로도 견디기 어려운데
불길을 겪어 내는 그 고통이랴.
삼백 자루의 창으로 찔리는 고통도
지옥불 한순간의 고통에 비하면

백천만분의 일에도 미치지 못하네.

축생의 고통도 한량이 없다.
묶이고 얻어맞는 고통뿐 아니라
가죽, 뼈, 털과 고기를 노리는
잔혹한 칼과 도끼 앞에 죽음을 맞네.

아귀의 고통도 또한 그러하니
어떤 것도 뜻대로 이룰 수 없는 고통.
배고픔, 추위, 더위의 고통 끝이 없고
백천만겁이 지나도 굶주림에 시달리니
어찌 더 조금 얻는다 해도
서로 빼앗고 다투다가 잃어버리기 일쑤다.

서늘한 가을에도 열병을 앓고
따뜻한 봄날에도 추위에 떤다.
과수원에 이르면 과일이 사라지고
시냇물에 이르면 물이 마르네.
죄업의 인연으로 목숨은 길어
고통스러운 그 수명 일만오천 세.

매질당한 온몸은 독투성이니
이것이 서글픈 아귀업이다.

번뇌의 거친 흐름에 휩쓸려 가면
두려움은 깊어지고 고통은 커지니
번뇌와 괴로움을 벗고자 하면
해탈의 지혜를 닦아야 한다.
허망한 세간법을 멀리 여의면
청정한 깨달음을 얻게 되리라.

___ 용수보살이 선타가왕에게 설한 계송이다.

악업으로 이끄는
원수

욕망이 이룬 세계는 환과 같아
있는 듯이 없음으로 흘러가는 것.
삼계(三界)의 지옥에 속박이 되니
어떠한 즐거움도 있지 않다네.

마음대로 할 수 있는 왕일지라도
죽음에 이르러도 그일 수 있을까.
누리던 힘과 지위 물거품이니
구름처럼 순식간에 흩어지리라.

이 몸은 피었다 지는 파초와 같고
악업으로 이끄는 원수요 도적,
독사가 든 상자와 흡사하니
사랑하고 좋아할 만한 것이 아니네.

그래서 시방의 모든 부처님께서

그 몸을 늘 살피라 경계하셨네.

— 마명보살의 말씀이다.

견뢰(堅牢) 비구가
동굴 벽에 새긴
게송

생사가 끊어지지 않는 것은
탐욕과 싫어함과 좋아함 때문.
원망을 키워서 무덤까지 데려가며
헛되이 모든 고통을 달게 받는다.

몸에서는 시체 냄새가 나고
아홉 구멍에서는 부정한 것이 흐른다.
구더기가 똥을 좋아하는 것과
어리석게 몸에 탐착하는 것은 다르지가 않다.

생각과 망념과 분별이 오욕(五欲)의 바탕이니
분별하지 않는 자는 오욕이 단멸된다.
삿된 마음이 탐착을 만들어 내고
탐착은 다시 번뇌를 만든다.

연문수경

정념(正念)에는 탐욕이 없으니

나머지 온갖 번뇌를 없애 주네.

_『대보적경』

병 없는
젊은 날에는

병 없는 젊은 날에는

게을러 정진하지 않고

온갖 일에 욕심내느라

보시·계행·선정을 닦지 않다가

죽음에 이르게 되어서야

큰 후회 속에서 선업을 닦는다.

지혜로운 자는 마땅히

오욕을 관찰해 그것을 끊어 없애야 한다.

마음을 닦는 수행자는

임종 시에 후회가 없으니

마음에 일념을 얻어

잘못된 생각이 일어나지 않기 때문이다.

지혜로운 이는 마음을 잘 지켜서

연문수경

임종할 때에 뜻이 흐트러지지 않는다.

마음을 순일하게 수행하지 않으면

두려움과 허둥거림으로 죽음을 맞게 된다.

_『대장엄론』

부처님을
뵈리라

만약 부처님이 되고 싶다면
진실된 마음으로 아미타불을 생각하라.
그러면 그 찬란한 몸 곧 나타내시니
그래서 나는 귀명하고 예배한다네.

다시는 뒤로 물러서지 않는 경지를
만약 빨리 얻기를 바란다면
마땅히 공경하는 마음으로
그분의 이름을 쉼 없이 불러 보라.

선의 씨앗을 심었더라도
부처님을 의심하면 그 꽃은 피지 않네.
부처님을 믿는 마음이 청정한 님은
그 꽃이 피어나 곧 부처님을 뵈리라.

_『십주비바사론』

선과 복을
많이 지어야

극락정토에 가서 나려면
선(善)과 복(福)을 많이 지어야 한다.
염불은 선 가운데 선이고
염불은 복 가운데 복이다.
아미타불! 이 명호를 집지하며
아미타불 뵙기를 발원하라.
이는 진실로 크나큰 선근이고
가장 뛰어난 선근이며
불가사의한 선근이다.
그런 까닭에 마땅히
염불로 정행(淨行)을 삼고
지명(持名)으로 발보리심을 삼아야 한다.

___ 연지(蓮池) 대사의 말씀이다.

일어
나라

일어나라.

냄새나는 시체를 안고 누워 있지 마라.

갖가지 더러운 것들의 모임을

사람이라고 부를 뿐이다.

중병에 걸린 것과 같고 화살에 박힌 것과 같은

큰 고통이 몰려오는데

어찌 잠을 잘 수 있으랴.

묶이어 죽음으로 끌려가는 것과 같은

환란이 곧 닥쳐오거늘

어찌 잠을 잘 수 있으랴.

도적을 없애지 않으면 환란은 제거되지 않네.

독사와 한 방에서 함께 살고 있는 것과 같고

전쟁터에서 총칼을 맞대고 있는 것과 같으니

이러한 때에 어찌 편히 잠을 잘 수 있으랴.

연문수경

잠들면 오직 어둠뿐 아무것도 보이지 않나니
잠은 나날이 속여 밝음을 빼앗아 간다.
잠이 마음을 덮으면 보이는 것이 없나니
이와 같은 큰 손실 속에
어찌 잠을 잘 수 있으랴.

_『좌선법요』

발원이
가장 중요하다

정토법문에서는 발원이 가장 중요하다.

발원이 있는 사람은

틀림없이 그 원을 이루기 때문이다.

진실된 발원에는 믿음이 함께하게 되고

믿음과 발원이 진실하면 염불수행은

애쓰지 않아도 절로 행해지기 마련이다.

이런 까닭에 믿음과 발원과 수행,

이 세 가지는 오직 발원 하나로 돌아간다.

___ 철오(徹悟) 선사의 말씀이다.

믿음과
발원

견고한 믿음과 발원을 갖추고 있다면

임종 시 열 번 또는 한 번의 염불로도

서방극락에 가서 날 것이다.

하지만 믿음과 발원이 갖추어져 있지 않다면

비록 바람이 불어도 스며들지 못하고

비가 와도 적시지 못할 정도여서

염불해도 왕생하기 어렵다.

또 은으로 된 담장과 철로 된 벽과 같은

견고한 삼매를 이룬다고 해도 왕생하기 어렵다.

정토행자는 이러한 이치를 확실히 알아야 한다.

__ 우익(藕益) 대사의 말씀이다.

물러남이
없다

정토에 가서 나기를 발원하지 않는다면야 그만이지만
정토에 태어나기를 발원하면 그곳에 가서 나지 않을 수
가 없다. 정토에 태어나지 않는다면야 그만이지만 그곳
에 태어났다고 하면 영원히 물러남이 없다.

번뇌에 꽁꽁 묶인 범부가 믿음과 원력에 힘입어 정토에
태어나게 되었다 해도 탐진치 삼독과 삿된 견해를 잊을
수는 없는데 어떻게 그런 그가 물러서지 않을 수 있음
을 알겠는가.

아미타부처님의 원력이 항상 그를 거두시고 큰 광명
이 항상 그를 비추시기 때문이다. 수승하신 정토 대중
이 늘 그와 함께하고 그의 수명이 영겁에 이르기 때문
이다. 개울과 새, 숲과 나무, 바람과 악기 소리가 오묘한
가르침을 잘 연설하니 그 소리를 듣고 부처님을 생각하

고, 법을 생각하고, 스님들을 생각하는 마음이 끊어지지 않기 때문이다.

중생이 병자라면 부처님은 뛰어난 의사이시다. 법은 좋은 약이고 스님은 좋은 간병인이시다. 이 세 가지가 눈앞에 있으니 어떤 병도 싹틀 수가 없다. 이러하니 정토에 한 번 태어났다 하면 무슨 수로 물러남이 있겠는가.

__ 양걸(楊傑)의 〈건미타보각기〉 말씀이다.

기와 조각 흙덩이가
금이 된다네

인행 시(因行時)에 세우신 크나큰 서원
이름 듣고 나 부르는 님 다 맞아 주리.

가난하든 부귀하든 가리지 않고
어리석든 지혜롭든 가리지 않네.

공부 많고 계행 좋음 가리지 않고
파계하여 죄업 깊음도 가리지 않네.

마음 돌려 염불하고 또 염불하세.
기와 조각 흙덩이가 금이 된다네.

_ 법조 스님의 말씀이다.

연문수경

우습다
이 몸이여

우습다 이 몸이여,
구멍마다 더러움이 늘 흘러나오고
백천 가지 고통스러운 부스럼 덩어리를
한 조각 엷은 가죽으로 싸 놓았구나.

더러움 가득한 가죽 주머니요
잠시도 편치 않은 고름 뭉치라
안팎이 더럽고 악취뿐이니
애지중지 탐낼 만한 물건 아니다.

평생을 두고두고 보살피건만
나가는 숨 거두어 다시 못 주면
그 은혜도 모른 채 다 저버리고
뿔뿔이 흩어져 떠나고 마네.

아끼던 이 몸이 허망한 줄 알면
밑 없던 애욕도 사라지리라.
허망한 이 몸을 탐착함에서
모래알 수 허물과 근심이 나네.

흙·물·불·바람 기운으로 이뤄진 이 몸은
사대(四大)가 주인 없이 다투는 전장(戰場).
네 가지 원수(怨讐)가 임시로 모여
겨루고 우겨대니 편할 날 없네.

이 몸은 하나같이 은혜를 모르는
네 마리 뱀을 기르는 굴택.
몸의 허망 오늘도 알지 못한 나는
남 탓하며 성내며 잘난 체하고
몸의 허망 모르는 그대 또한
내 탓하며 성내며 거만을 떠네.

허망한 몸 아끼고 사랑함이여,
두 귀신이 한 송장을 다툼과 같네.
송장은 물거품처럼 사라지고 말 것,

연문수경

깨어나면 꿈처럼 사라지고 말 것.

늙음과 병을 만드는 괴롬 덩어리
오물을 가득 담은 오물 덩어리
썩어서 없어질 허망 덩어리
연기로 사라질 무상 덩어리.

_『선가귀감』

(권수정토문)
勸修淨土文

염불행자여, 그대는 맑은 믿음으로
부처님의 명호를 불러 모든 죄업이 소멸되었으매
여래가 그대를 영접하러 왔노라.

이 목숨
마칠 제

원합니다.
이 목숨 마칠 제
모래알 거침새 다 사라져
웃는 미타
이 몸 맞아 주시사
안락정토 가서 나지이다.

안락정토 가서 나
마침내 큰 원 이루면
아미타불
이마 어루만지며
마지막 깨달음 이룰
빛나는 수기 주시리.

__ 『문수사리발원경』

권수정토문

가서
나리

사리불이여,
저 극락세계는
작은 선근으로는
가서 나기 어려운 정토라네.

사리불이여,
저 극락세계는
작은 복덕으로는
가서 나기 어려운 정토라네.

사리불이여,
저 극락세계는
작은 인연으로는
가서 나기 어려운 정토라네.

사리불이여,
아미타부처님의
공덕과 장엄을 들어 누린
선남자 선여인은
거룩한 이름을
지녀 모셔야 하리.

아미타불,
모든 이름을 벗어난
눈부신 그 이름을
하루, 이틀, 사흘, 나흘
닷새, 엿새, 이레 동안 마음을 다해
어지럽지 않게 지녀 모셔야 하리.

이런 님이 목숨을 다하면
아미타부처님께서
하 많은 성중과 함께
그 님 앞에 오시리.

이와 같은 공을 이룬 님이

목숨을 다하면
두려움도 걸림도 없이
아미타부처님을 따라
바로 극락정토에 가서 나리.

_『아미타경』

정토에 가서
나기를

세상 사람들은 중요하지도 않은 일로 앞을 다투며 바삐 움직이는구나! 십악의 업을 날로 짓고 괴로운 과보를 날로 늘리며 오직 눈앞의 욕망만을 채우려고 바쁘게 살아가는구나! 지위가 높은 사람, 지위가 낮은 사람, 부유한 사람, 가난한 사람, 남녀노소를 가릴 것 없이 재물과 이름과 권력에 눈이 어두워 낮으로 애를 쓰고 밤으로 잠을 이루지 못하는구나! 아, 이와 같이 서둘고 걱정하고 괴로워하고 쫓기고 헤매는 삶에 어떻게 잠깐인들 편안함이 깃들 수 있으랴!

재산, 지위, 권속, 명예란 무엇일까? 세상 사람들은 이런 것들이 있어도 걱정하고 없어도 걱정한다. 많이 가져도 걱정하고 적게 가져도 걱정한다. 생각지 못한 재난으로 불태워지고 물에 휩쓸리고 도적에 빼앗겨 흩어지고 없어지지 않을까를 걱정한다. 그리하여 잃으면 슬퍼하고 얻지 못하면 분해하는 괴로움 속에서 헤어날 날이 없구나!

사람들은 인색해서 연연해하고 완고해서 내려놓지 못하는구나! 하지만 저들은 목숨이 다하면 육신과 함께 다 버려야 하는 이생의 허물들이다. 무엇이 있어 죽음의 길을 함께할 수 있을 것인가. 끝내는 다 버리고 가야 하니 이는 가난한 이나 부유한 이나 함께 겪어야 할 일이다. 비우고 내려놓는 마음을 얻지 못하면 어둠 속의 불안과 불속의 고통이 더욱 깊어지리라.

부모·형제·부부·자녀는 서로 공경하고 사랑하여 미워하거나 질투하지 말라. 재산이 있든 없든 서로 돕고, 탐내고 아까워하지 말라. 말과 얼굴빛을 늘 부드럽게 하고, 의견이 다르다고 해서 멀어져서는 안 된다. 의견이 다르다고 해서 서로 맞서거나 화를 내면 그 감정의 열기가 뜨거워지고 그 골이 깊어져 오는 세상에는 나쁜 인연으로 만나리라.

홀로 나서 홀로 죽고, 홀로 오고 홀로 가야 하는 삶이다. 괴로움도 즐거움도 스스로 감당해야 하니 그것을 대신해 줄 이는 어디에도 없다. 사랑하는 가족일지라도 선악의 업에 따라 태어나는 길이 달라진다. 저마다 가는 길이 달라 다시 만날 기약이 없다. 이러하니 어찌 이생에 힘써 선을 닦아 행하지 않고 무엇을 기다린단 말인가.

사람들은 선과 악을 구별하지 못하고 경쟁하듯 길흉화복을 짓는다. 그리하여 몸은 악업으로 더욱 망가지고 마음은 바른 믿음이 없어 날로 어두워진다. 바르지 못한 가르침에 몸을 맡겨 뒤집힌 마음이 이어지니 아득한 생사윤회가 끊어질 기약이 없다. 생사의 뿌리인 탐진치의 불길이 드세져 바른 가르침을 거스르고 오직 대들기만 한다. 바른길을 믿지 않으니 멀리 내다보지 못해 눈앞의 쾌락만을 좇아 헤맨다. 그리하여 욕심내고 화내고 어리석어 재물과 색욕에 탐착하는 일을 그치지 않으니 어찌 애통하고 가슴 아픈 일이 아니랴!

옛사람들은 어떻게 선을 행하고 어떻게 악을 그쳐야 할지를 몰랐다. 그런 길에 대해 얻어들을 수조차 없었으니 그들의 삶을 탓해 무엇하겠는가. 저들은 생사 육도 윤회의 과보와 선악의 업인이 있다는 사실을 알지 못했다. 그러니 그것을 믿는 마음인들 어떻게 지녀 가질 수 있었겠는가.

임종에 이르러 가족이며 친지들과 이별하는 장면을 보라. 자식을 잃은 부모, 부모를 잃은 자식은 슬피 울부짖는다. 형제와 부부의 사별은 또 어떠한가. 사무치는 그리움으로 끝내 놓아 버리지 못하고 애착의 동아줄에 길이 묶이는 줄을 모른다.

자신에게도 반드시 닥쳐올 임종의 날을 늘 기억해야 한다. 그렇지 않고 아무런 준비 없이 그날을 맞게 된다면 어둡고 험한 악도를 벗어날 길이 없으리라. 온갖 악을 짓지 말고 힘써 염불하는 것으로 으뜸가는 선을 삼을지니라. 사랑도 영화도 머지않아 사라지게 되나니 즐기고 탐착할 만한 것이 아니다. 진실된 정성으로 염불정진하여 극락정토에 가서 나기를 발원하라. 마음이 밝아져 구경에 이르고 공덕이 영글어 크게 빛나리라.

_『무량수경』

여래가 그대를
영접하러 왔노라

염불행자여, 그대는 맑은 믿음으로 부처님의 명호를 불러 모든 죄업이 소멸되었으매 여래가 그대를 영접하러 왔노라.

염불행자는 세상의 하얀 연꽃이라! 관세음보살과 대세지보살이 그의 좋은 벗이 되어 반드시 극락도량의 아미타부처님 집안에 태어나게 할 것이다.

_『관무량수경』

●

지난 일들은 이미 지나가 버렸고, 지금의 일들은 아름답고 추하고 양면의 칼처럼 잘못 만지면 큰 상처를 입는다. 아직 오지 않은 내일은 아무도 모르는 일이다. 우리는 언제 죽을지 아무도 모른다. 오늘인지 내일인지 누구 한 사람 대답해 주는 이 없으니 참으로 가련하고 불쌍할 뿐이다.

삶과 죽음, 즉 태어나고 늙고 병들어 죽는 것이 삶이자 죽음의 또 다른 삶이다. 세상 사람들은 정신없이 부산 떨며 살다가 죽음에 이른 뒤에 후회하게 된다. 어떤 사람들은 학벌이 화려하고, 능력이 뛰어나며, 지위가 높고, 외모 또한 잘났고, 집안이 좋다. 이 많은 능력의 소유자라도 죽음이라는 큰불 앞에서는 다들 무서워하고 죽지 않으려고 하지만 부모·형제·친구·재산·명예 어느 하나 도움이 되지 못함을 죽음 목전에 알게 되니 이때는 늦었다고 후회를 한다. 참 가슴이 아려 온다. 나도 이럴진대 본인들은 어떻겠는가. 여러분은 어떠한가.

죽음의 고통에서 벗어나는 좋은 약이 있는데 한번 먹어 보면 어떨까. 옛 스님이 말씀하시기를 "이번 생에 왕생하지 않으면 한 번 삐끗한 것이 백 번 삐끗하게 된다. 그대 수행자들에게 권하노니, 우리 여래의 말씀을 믿어 보라."라고 하였다.

죽었다 태어나고 태어났다 죽으면서 어두침침하고 흐

리멍덩하여 또다시 길고 긴 윤회의 터널에서 언제쯤 빠져나올 수 있겠는가. 경에서 말씀하시기를, "개미는 일곱 부처님 이래로 개미의 몸을 벗지 못하였다." 하였으니 우리는 금생에 사람 몸 받았고 부처님 법을 만났으니 얼마나 다행한 일인가. 그러니 염불이라는 신약(神藥)을 의심하지 말고 한번 먹어 보라.

그러면 죽음의 고통으로부터 영원히 벗어나 안락국토 극락세계에 태어나고 환하게 밝아져 길고 긴 윤회의 사슬에서 벗어나 홀로 깨어나리라. 죽음 앞에서 절박하고 간절하게 "나무아미타불" 염불하는 사람만이 정토에 왕생한다. 이 말을 의심하지 말라.

다른 길은
아주 없다

아침 저녁 예불 때 말고는 오직 아미타불 명호만을 가슴에 담아 두라. 가슴에 담아 두되 생각마다 잊지 말고 마음마다 어둡지 않게 하라. 세상일 멀리 여의고 아미타불 명호만을 생명줄로 삼아 결코 놓치는 일이 없게 하라. 물 마시고 밥 먹을 때도, 오고 가고 머물 때도, 앉고 서고 누울 때도 아미타불 한마디 명호가 눈앞에 빛나게 하라.

좋은 경계 싫은 경계, 기쁜 경계 화나는 경계, 일체 모든 번뇌 경계에 염불광명을 크게 놓으라. 어두운 번뇌 경계가 순식간에 사라지리라. 번뇌는 생각으로 이어지는 생사고통의 뿌리이다. 염불하면 생각이 쉬고 생각이 쉬면 번뇌도 사라진다. 이것이 생사고통을 벗는 부처님의 가르침이니 이 가르침 말고 다른 길은 아주 없다.

__ 감산(憨山) 대사의 말씀이다.

무상(無常)이
진리이다

깊이 생각해 보라.

이 몸이 영원한가,

내 삶이 영원한가,

아니면 우주 만물이 영원한가,

재물이며 명예는 또 어떠한가.

변하지 않는 것은 아무것도 없다.

주위를 돌아보라.

고작 수백 년을 산 사람조차 찾아볼 수가 없구나.

주위를 돌아보라.

무상만이 영원할 뿐이다.

부처님께서는 이렇게 말씀하셨다.

"몸은 쉬지 않고 걷고, 서고, 앉고, 눕고, 구부리고 편다.

이것이 살아 있는 우리 몸의 자연스러운 동작이다. 우

리 몸은 뼈와 힘줄로 엮여 있다. 또 내 피와 살로 덧붙여지고 피부로 덮여 있다. 그래서 있는 그대로의 속 모습이 잘 드러나 보이지 않는다.

몸은 위·간·방광·심장·폐·신장·비장 같은 장기들로 가득 차 있다. 몸은 콧물·점액·땀·지방·피·관절액·담즙·임파액으로 넘치고 머리는 뇌수로 가득 차 있다. 또한 몸은 아홉 구멍으로 깨끗하지 않은 것들을 끊임없이 내보낸다. 눈은 눈곱을, 귀는 귀지를 내보낸다. 코는 콧물을, 입은 침이나 가래를 토해 내고, 몸은 땀과 때를 내보낸다.

무명(無明)에 이끌려 사는 어리석은 사람들은 이런 몸을 아름다운 것으로 여긴다. 몸이 죽어 스러지면 어떻게 되는가? 그 몸은 검푸르게 부어올라 무덤에 버려지게 되니 피를 나눈 가족이라도 돌보려고 하지 않는다. 그리하여 개·여우·늑대·까마귀·독수리의 밥이 되고 만다.

지혜로운 수행자는 깨달은 님의 말씀을 듣고 그것을 분명히 이해한다. 그는 있는 그대로 보기 때문이다. 이것이 있는 것처럼 저것이 있고, 저것이 있는 것처럼 이것이 있다. 수행자는 안으로나 밖으로나 몸에 대한 집착에서 떠나야 한다. 집착과 탐욕을 떠난 지혜로운 사람만이 죽지 않는 행복 곧 죽음을 뛰어넘는 열반에 도달한다.

이 몸뚱이는 깨끗하지 않고 역겨운 냄새를 풍긴다. 아무리 잘 다듬고 애써 꾸며도 온갖 더러움이 쉼 없이 흘러나온다. 이런 몸뚱이로 거만을 부리고 남을 업신여긴다면 밝은 눈이 없는 어리석은 사람이 아니겠는가."

__『승리의 경』

●

우리는 습관화된 현재의 삶을 당연시하며 이런 진실을 애써 모른 체하며 살아가고 있다. 아니 어쩌면 그것은 관심 밖의 먼 일인지도 모른다. 눈코 뜰 새 없이 허둥대며 살지 않으면 안 되는 세상이니 십분 이해가 가는 일이기도 하다. 나 또한 그렇게 살아온 것이 사실이다. 육십이 훌쩍 넘어선 지금, 거울에 비친 나의 모습을 대하면 참으로 만감이 교차한다. 육십 년 동안의 얼굴들이 주마등처럼 흐르고 흘러 마침내 지금의 얼굴로 등장하니 그저 가슴이 저려 올 뿐이다.

중노릇하면서 선지식, 스님, 불자들과 맺은 인연이 허다히 많다. 하지만 지금 내 곁에는 몇몇 분만이 남아 있을 뿐이다. 남녀노소 말할 것 없이 잘나든 못나든, 부유하든 가난하든, 힘이 있든 힘이 없든 우리는 덧없는 세월 앞에 부질없이 부산을 떨다 속절없이 사라지고 만다. 죽었다가 사람으로 태어난다고 해도 그 몸은 다시 늙고 병들어 죽음에 이르기 마련이다. 몸은 악취를 풍기고 정신은 어둡고 흐리멍덩하니 지옥·아귀·축생의 삼악도(三惡道)에 떨어져 길고 긴 윤회의 고통을 벗어나기가 어렵다.

얼마 남지 않은 삶이요, 이내 다가올 죽음이다. 이 몸은 견고하지 않아 죽음의 강을 건널 수 없고 무상은 매우 빨라 머뭇거릴 틈을 주지 않는다. 지금 당장 내가 할 일이 무엇인가. 헛된 일을 시원스레 놓아 버리고 부처님의 가르침 듣는 일을 내일로 미루지 말라. 한결같은 마음으로 참되게 염불하자.

사람으로 태어나기
어렵다

부처님께서 말씀하셨다.

"비구들이여, 참으로 어려운 일이 있으니 그것이 무엇인가? 여래가 세상에 출현하는 일, 사람으로 태어나는 일, 여래를 만나 진리에 마음을 여는 일, 참기 어려운 것을 능히 참아 내는 일, 계법(戒法)을 성취하여 아라한과를 얻는 일이다. 이런 일들을 성취하기란 금모래에서 자라는 우담바라를 만나는 것처럼 어렵고도 어려운 일이다.

비구들이여, 여덟 가지 재난을 벗어나도 사람 몸 받기는 어렵다. 그대들은 그런 몸을 받았고 더하여 여래까지 만났으니 희귀한 이 인연을 헛되게 하지 말라."

__『대열반경』

●

사람의 몸 받아 태어나기란 참 어려운 일이다. 이 몸 한

번 잃어버리면 어느 날을 다시 기약할 수 있을 것인가. 나는 이렇게 받기 어려운 사람 몸으로 태어났고 거기다 부처님 가르침까지 만났다. 이 얼마나 다행스러운 일인가. 하물며 머리 깎고 가사를 받아 입고 부처님의 제자가 된 지복스러움이랴. 돌고 도는 기나긴 윤회를 끊을 희유한 기회다. 천금의 이 기회를 어찌 티끌세상의 인연 속에 파묻혀서 헛되이 날려 버리고 말 것인가.

이 몸은 백 년의 세월도 견디지 못하고 무너지고 말 것이다. 생로병사의 불길은 잠시도 쉬지 않고 활활 타오르고 있다. 그럼에도 나는 의미 없는 일 속에 파묻혀 하루하루를 편히 보내고 있구나. 지옥 가는 길을 닦는 이 손과 발을 언제나 쉴 것인가. 한 번 잃으면 다시 기약할 수 없는 이 몸이다. 삶과 죽음이 들숨 날숨 사이에 있으니 어찌 흐리멍덩하게 주저앉아 이날 저날을 헛보낼 수 있겠는가! 스스로를 부끄러워하고 스스로를 경책하자. 그리고 귀밑머리 백발 되기를 기다리지 말고 서둘러 아미타불을 염(念)하자. 마지막 숨을 공양 올릴 아미타불을 염하고 또 염하자.

망념은 병
염불은 약

망념(妄念)은 병이고, 염불은 약이다. 오래된 병은 한 첩
의 약으로 치료할 수 있는 것이 아니다. 또 쌓인 망념은
잠깐의 염불로 제거할 수 있는 것이 아니다. 망념과 병,
염불과 약의 이치는 다 한가지라 하겠다.

망념이 어지러이 일어나는 것에 끄달리지 말라. 다만
정밀하고 간절하게 짓는 염불만을 귀하게 여겨라. 글자
마다 분명하고 구절마다 이어지게 하여 힘을 다해 잡아
지니라. 그래야 비로소 마음이 쏠리어 따라간 몫이 있
을 것이다.

진실하게 오래 애쓰면 어느 날 아침 홀연히 툭 트이는
시절이 올 것이다. 비유하자면 절굿공이를 갈아서 바늘
을 만들고 철을 단련하여 강철을 만드는 것과 같다. 이
것은 결코 속임수가 아니다. 도(道)에 들어가는 문은 많

다. 하지만 이 염불문만이 가장 빠른 길이 되니 결코 소홀히 여겨서는 안 된다! 결코 소홀히 여겨서는 안 된다!

__ 자조종주(慈詔宗主)의 말씀이다.

이것이
유심정토(唯心淨土)다

마음을 다잡아 염불하는 것은 삼매를 속히 이루려는 것
이다. 혼침과 산란을 물리치는 데는 숨을 세는 공부가
가장 긴요하다.

몸이 둥근 빛 속에 있다고 관상하며 앉으라. 그런 뒤 묵
묵히 코끝을 보며 들숨과 날숨에 깨어 있으라. 한 호흡
한 호흡마다 나무아미타불을 염(念)하라. 호흡은 느리지
도 빠르지도 않게 하되 마음과 호흡이 하나가 되게 하
라. 오가고 머물고 앉고 누울 때도 이와 같이 공부하라.

잠시도 끊어짐 없이 면밀하게 지어 가다 보면 깊은 선
정에 든다. 선정에 들면 호흡도 염불도 사라지면서 몸
과 마음이 허공과 같아진다. 여기서 더욱 다그쳐 일념
만년(一念萬年)으로 한결같이 지어 가라. 이 공부가 순조
롭게 잘 익어지면 심안(心眼)이 열리면서 홀연히 구경의

삼매가 눈앞에 드러날 것이다. 이것이 유심정토(唯心淨
土)이다.

_『연종보감』

실로
구슬을 꿰듯

무릇 염불할 때는 먼저 잡되고 어지러운 생각을 한꺼번에 내려놓아라. 내려놓되 내려놓을 것이 없는 곳에 이르러야 한다. 여기에 이르러 오직 아미타불 명호만을 또렷하고 분명하게 염불하라. 염불하는 마음이 끊이지 않고 이어지는 것을 마치 실로 구슬을 꿴 듯이 해야 한다. 또 화살과 오늬가 서로 버티어 조금도 빈틈이 없는 것처럼 해야 한다.

이와 같이 힘을 붙이고 이와 같이 선정에 의지하라. 그러면 언제 어디서나 경계에 이끌려 공부를 잃는 일이 없을 것이다. 일상에서도 일과 섞이지 않고 일 속에서도 어지럽지 않고 꿈속에서도 한결같을 것이다. 마침내 목숨이 끊어질 때도 일심불란한 염불로 삼계를 뛰어넘어 바로 정토에 태어나리라.

_ 감산(憨山) 대사의 말씀이다.

공경히 정성 다해
십념을 올려라

세상 사람들은 번잡한 일로 염불할 겨를이 없다. 그러니 매일 아침 옷을 입은 뒤 서쪽을 향해 합장하고 서서 나무아미타불을 염하라. 한 호흡으로 일념(一念)을 삼아 공경히 정성 다해 십념(十念)을 올려라.

염불은 호흡의 길고 짧음에 따르라. 한 호흡이 끝나는 것을 염불의 횟수로 삼으라. 염불하는 소리는 높지도 낮지도 않게 하되 고르고 자연스럽게 하라. 이와 같이 십념이 끊이지 않도록 하는 것은 마음이 흩어지지 않게 하려 함이다. 십념은 전일하고 정밀하게 하는 것을 공(功)으로 삼는다. 깨인 호흡을 빌려 마음을 묶는 것이다.

__ 자운식(慈雲式) 참주(懺主)의 말씀이다.

달은 져도
하늘을 떠나지 않는다

부처님 가신 곳을 알고자 하는가? 이 말소리 나는 곳이
그곳이다. 깨닫지 못하겠는가? 한마디 말을 듣는 이 순
간 누가 입을 움직이는가?

경에 "극락이라고 하는 세계가 있다. 그곳엔 아미타부
처님께서 지금 현재 설법하고 계신다."라고 하셨다.

극락에 계시는 아미타부처님을 염하라. 가슴에서 흘러
나오는 염불 소리를 분명하게 지켜보며 입으로 하는 염
불이 끊어지지 않게 하라.

부처님을 부르는 소리 소리가 부처님과 상응하면 그대
의 본래면목(本來面目)이 여지없이 분명해질 것이다. 이와
같다면 '근원으로 되돌아갔다[返本還源].'고 할 수 있다.

무엇이 근원인가? 물은 흘러가도 본래로 바다에 있고,
달은 져도 하늘을 떠나지 않는다.

__ 대전 선사의 말씀이다.

모두 한 가지 원으로
돌아간다

염불법문은 지름길로 가는 수행이다. 상상근기(上上根器)
도 접인하면서 아울러 중하근기(中下根器)도 이끈다. 염
불의 종지는 일심불란(一心不亂)에 있다. 일심불란에는
두 가지 뜻이 있으니, 이일심(理一心)과 사일심(事一心)이
그것이다.

사일심(事一心)은 누구나 행할 수 있다. 단지 한 번만 아
미타불을 억념(憶念)해도 그 공은 용이 물을 만나고 호랑
이가 산을 의지함과 같다. 『능엄경』에서 "부처님을 기억
하고 부처님을 염(念)하면 현재와 미래에 반드시 부처님
을 뵐 것이다."라고 하셨다. 방편을 빌리지 않고 스스로
터득하면 마음이 열리는 것이다.

이일심(理一心)도 다른 법이 아니다. 아미타불 이 네 음절
의 명호를 화두로 삼는다. 새벽에 십념을 할 때부터 이

화두를 들되 마음에 염(念)이 있다고 여기지 않고, 마음에 염이 없다고 여기지 않으며, 마음에 염이 있기도 하다고 여기지 않고, 마음에 염이 있지도 않고 없지도 않다고 여기지도 않는다.

이와 같이 지어 가면 전후제(前後際)가 뚝 끊어져 한 생각도 일어나지 않는다. 그리하여 단계를 거치지 않고도 대번에 불지(佛地)를 뛰어넘는다. 이러하니 정토에서 부처님을 뵙는 것이 종문(宗門)보다 간단하고 쉽지 않겠는가. 부처님이거나 조사거나 교거나 선이거나 모두 정업을 닦아 함께 한가지 원[一願]으로 돌아가는 것이다. 염불문에 들면 한량없는 법문에 모두 다 들어갈 수가 있다.

— 진헐(眞歇) 선사의 말씀이다.

염불하면
부처를 이룬다

염불행자는 정토에 태어나길 구한다. 오이 심은 데 오이 나고 콩 심은 데 콩 나듯 염불하면 부처를 이룬다. 이런 명백한 사실을 세상 사람들은 알지 못한다. 극락 정토는 누구나 갈 수 있다. 그러나 많은 사람들은 믿음이 흔들려 다른 곳에 태어나는 복된 과보를 생각한다. 그리하여 일생 동안 염불해도 이룸이 없게 되는 것이다. 이것은 부처님께서 거짓말을 하신 것이 아니다. 스스로가 감당하려 하지 않고 다른 길로 달려간 것이다. 염불행자들에게 받들어 권한다. 믿음이 굳고 서원이 크고 수행이 돈독하면 단연코 구품연대(九品蓮臺)의 주인이 될 것이다.

염불행자는 뭇 선행을 널리 행해야만 한다. 사바세계는 고통의 바다요, 염불은 고통 바다를 건널 배에 오르는 것이다. 정토에 태어남은 피안에 도달함이고, 선을 쌓는 것은 돛이요, 노요, 노자(盤費)와 같다. 경에 "임종할 때 십념을 하면 업을 짊어진 채로 왕생할 수 있다."고 말씀하셨다. 그러나 이 말씀은 전생에 익히고 닦은 선근행자를 향한 말씀이다. 이들은 이 공덕으로 한마디 염불로 빛을 돌이켜 대번에 삼계를 벗어난다. 이 일은 결코 요행히 이룰 수 있는 것이 아니다.

멋대로 악행과 망령된 행동을 하고도 임종 때에 잠시 십념을 한다면 천지의 귀신이 어찌 이를 용납하겠는가? 업의 경계가 앞에 나타나면 '불(佛)'이라는 글자도 생각해 내지 못하는데 어찌 십념을 할 수 있겠는가? 염불하는 사람에게 받들어 권하노니 '제악막작 중선봉행(諸惡莫作衆善奉行, 모든 악행을 짓지 말고 뭇 선행을 받들어 행하라)'이라는 여덟 글자를 종신토록 지키고 종신토록 행하라.

__ 석명 거사의 말씀이다.

오직 기쁨과 즐거움이
있을 뿐이다

정토에 가서 나고자 하는가. 그렇다면 반드시 싫어하여 떠나는 염리행(厭離行)과 좋아하여 구하는 흔락행(欣樂行)의 두 가지 행을 갖춰야 한다.

첫째, 무엇이 염리행(厭離行)인가. 이 몸이 고름과 피와 똥과 오줌과 같은 더러움으로 가득 찬 냄새나고 더러운 것임을 늘 관찰하는 일이다. 다시 말해 몸의 부정(不淨)함을 관하는 것이다. 몸의 어떤 부정함을 관하는 것인가.

첫째는 몸은 정욕과 탐애로 생겨났으니 종자(種子)의 부정함을 관하는 것이다. 둘째는 어머니의 붉은 것과 아버지의 흰 것이 화합하여 생겼으니 생명을 받음이 부정한 것임을 관하는 것이다. 셋째는 어머니의 태(胎)에 머물렀으니 머무는 곳이 부정한 것임을 관하는 것이다. 넷째는 어머니의 태에 머무를 때 어머니의 피를 먹었으니 먹는 것이 부정한 것임을 관하는 것이다. 다섯째는 열 달이 차서 산문(産門)에서 나왔으니 태어남이 부정한 것임을 관하는 것이다. 여섯째는 몸속에 고름과 피가 들어 있으니 몸이 부정한 것임을 관하는 것이다. 일곱째는 죽으면 몸이 붓고 썩으니 몸은 끝까지 부정한 것임을 관하는 것이다. 자신의 몸을 관찰하면 이와 같으니 남의 몸을 관찰해도 그러할 것이다.

몸뿐만이 아니다. 사바세계의 더러운 경계는 뭇 고통이 함께 모인 것이다. 그러니 정토행자는 몸과 세계를 함께 싫어하여 떠나야 한다고 관찰해야 한다. 싫어하여 떠나고자 하는 마음을 내면 반드시 정토에 가서 날 것이다.

둘째, 흔락행(忻樂行)이란 무엇인가. 정토에 태어나길 구함은 일체중생의 고통도 함께 없애 주려 하기 때문이다. 그러므로 희구하는 마음으로 생각을 일으켜 서방의 깨끗한 나라[淨國]를 즐거이 떠올려 그리워하는 것이다.

정토는 온갖 보배 광명으로 장엄된 나라다. 땅은 황금

으로, 숲은 옥으로 되어 있다. 연못 속의 연꽃은 광명을 발하고 신통이 자재한 정토대중은 걸림 없이 타방(他方)을 오간다. 저들은 생사가 영원히 끊어져 다시는 번뇌가 없이 모든 쾌락을 받는다. 오직 기쁨과 즐거움이 있을 뿐이다.

_『십의론(十疑論)』

염불이
전일하지 않으면

진실하고 간절한 가르침을 구한다면 양차공(楊次公)의 다음과 같은 말보다 긴요한 것이 없다. "애욕이 두텁지 않으면 사바세계에 태어나지 않고 염불이 전일하지 않으면 극락에 태어나지 못한다."

부처님을 생각하여 그 마음을 전일하게 하고, 명호를 간절히 지녀 뜻을 어지럽지 않게 하는 것, 이것이 우리가 마땅히 마음을 다해야 할 바이다. 염불할 마음을 잃어버리거나 염불은 하지만 일념을 이루지 못하는 것은 다른 까닭이 아니다. 마음이 감정과 애착에 이끌리기 때문이다.

애착을 담담히 해 그 망령됨을 막고 감정의 뿌리를 잘라 집착의 그물에서 벗어나야 한다. 이것이 우리 정토 행자가 마음 다해 해야 할 일이다. 이를 알면서도 까맣게 잊어버리거나 생각과 행이 달라지지 않는 것은 무엇 때문인가. 이에 대한 각오(覺悟)가 깊고 전일하지 못한 까닭이다.

염불하며 정토에 가서 나기를 구하면서도 마음에 한 가지 애착이라도 지니고 있다면 이런 정토행자는 임종 시에 그 애착에 이끌려 정토에 가서 나기 어렵다. 이와 같거늘 하물며 많은 애착을 가진 사람이겠는가! 극락에 가서 나길 구하는 사람에게 일념을 방해하는 생각이 하나라도 있다면 목숨을 마칠 때에 이 생각에 이끌려서 왕생하기 어렵다. 이와 같거늘 하물며 생각이 많은 사람이겠는가!

애착이 애착이 되는 까닭은 무엇인가. 가볍거나 무겁게 여기는 것이 있고 두텁거나 얇게 여기는 것이 있으며 정보(正報)나 의보(依報)로 여기는 것이 있기 때문이다. 그 항목을 두루 들면 부모와 처자, 형제와 벗, 공명과 부귀, 문장과 시부(詩賦), 도술과 기예, 의복과 음식, 옥실과 전원, 임천(林泉)과 화훼, 진귀한 보배와 좋아하는 물건[玩物] 등으로 그 이름을 낱낱이 다 나열할 수조차 없다.

큰 것은 태산보다 무겁고 작은 것은 기러기 깃털보다 가볍다. 한 물건이라도 놓아 버리지 못하는 것이 있다면 애착을 이루고, 한 생각이라도 떠나보내지 못하는 것이 있다면 그것도 애착의 씨앗이 된다. 비록 작은 애착일지라도 하나라도 마음에 남아 있다면 왕생하겠다는 일념이 전일하지 못하게 되고, 비록 한 생각이라도 전일함으로 돌아가 일념을 이루지 못한다면 왕생하기 어렵다.

___『정토법어』

세 가지
의심

염불행자가 목숨을 마칠 때 세 가지 의심이 있으면 정
토에 나지 못한다.

첫째 의심은 무엇인가.
'나는 생전에 지은 업이 지극히 무거운데 수행한 날은
아주 짧다. 그러니 왕생하지 못할 것 같다.'고 의심하는
것이다.

둘째 의심은 무엇인가.
'나는 남에게 진 빚이 많고 마음으로 서원한 것을 마치
지 못했다. 또 아직도 탐욕과 성냄과 어리석음이 그치
지 않았다. 그러니 왕생하지 못할 것 같다.'고 의심하는
것이다.

셋째 의심은 무엇인가.

'나는 아미타불을 염하고 있지만 죽음이 임박하였을 때 부처님께서 영접해 주시지 않을 것 같다.'고 의심하는 것이다.

___ 자조종주(慈照宗主)의 말씀이다.

세 가지
믿지 않는 마음

착한 사람 가운데는 세 가지 믿지 않는 마음을 일으켜 정토에 가서 나길 구하지 않는 이가 있다. 참으로 탄식할 일이다.

첫째는 "나는 부처님을 뛰어넘고 조사를 넘어설 것이니 정토는 그런 내가 태어나기에 부족한 곳이다."라고 말하는 것이다.

둘째는 "곳곳마다가 다 정토이니 반드시 서방에 태어날 필요는 없다."라고 말하는 것이다.

셋째는 "극락은 성인의 땅이니 나 같은 범부는 태어날 수 없다."라고 말하는 것이다.

＿ 양차공(楊次公)의 말씀이다.

세 가지
까닭

염불하는 이가 많지만 서방에 태어나 부처를 이룬 이가 적은 것은 세 가지 이유 때문이다.

첫째, 입으로만 염불하고 마음이 선하지 않기 때문이다. 여러분에게 권한다. 이미 염불을 한다면 부처님 가르침에 따라 덕을 쌓고 복을 닦으라. 부모님께 효심으로 순종하고, 형제간에 서로 아끼고, 부부간에 서로 공경하라. 정성스럽고 믿음직하고 성실하며, 온유하고 인내하고 공정 정직하라. 방편으로 남몰래 돕고 일체를 가엾이 여기고 생명을 함부로 죽이지 말라. 아랫사람을 업신여기지 말고 힘없는 사람들을 속이거나 억압하지 말라. 좋지 않은 마음이 일어나면 힘을 다해 그것을 물리치라. 이와 같이 염불하는 사람은 반드시 부처를 이룰 것이다.

둘째, 입으로만 염불하고 마음이 뒤섞이고 어지럽기 때문이다. 여러분에게 권한다. 아미타불 이 명호를 글자 글자마다 분명히 새기고 염념(念念)마다 잘 살피라. 그리하여 마치 서방에서 아미타불을 친견한 것처럼 하여 감히 산란하지 말라. 이와 같이 염불하는 사람은 반드시 부처를 이룰 것이다.

셋째, 입으로만 염불하고 마음으로는 단지 부귀하게 태어나기를 바라기 때문이다. 어떤 이는 이렇게 말한다. "우리 같은 범부들은 서방에 우리의 몫이 없는지 있는지를 헤아리지 않는다. 오직 내세에 사람의 몸을 잃는 일이 없기를 도모할 뿐이다." 이런 말은 부처님의 가르침과 부처님의 뜻에 부합하지 않는다. 부처님께서는 저들을 이끌어 서방에 태어나게 하려고 하나 저들은 도리어 스스로 태어나기를 원하지 않는다.

여러분에게 권한다. 염불행자는 결연한 의지로 정토에 태어나기를 구하고 온갖 의심을 놓아 버려라. 그대가 설령 천국에 태어나더라도 그곳의 복이 다하면 반드시 나쁜 세계로 떨어질 것이다. 하물며 인간세계의 부귀가 얼마나 되겠는가? 그대가 범부라서 서방에 그대의 몫이 없다고 말한다면 성현(聖賢)도 모두 범부였는데 어떻게 서방에 태어났겠는가? 넓고 큰 마음을 일으키고 굳은 뜻을 세워서 '왕생하여 부처님을 뵙고 법을 듣고 위없는 과를 얻어서 중생들을 널리 제도하리라.'고 서원하라. 이와 같은 염불행자는 반드시 부처를 이룰 것이다

__ 연지(蓮池) 대사의 말씀이다.

백 명이면 백 명이
왕생한다

몸은 아미타불만을 예배해야 하고 다른 예배는 섞지 않
으며, 입은 아미타불만을 부르고 다른 이름은 부르지
않으며, 뜻은 아미타불만을 생각하고 다른 관(觀)은 닦
지 않아야 한다. 만일 이것만을 닦는다면 열 명이면 열
명이 왕생하고, 백 명이면 백 명이 왕생한다.

— 선도(善導) 화상의 말씀이다.

세 가지
지혜

아미타불에 대해 듣는 것은 문혜(聞慧)이고, 명호를 집지
하는 것은 사혜(思慧)이며, 마음을 오롯이 하여 어지럽지
않게 하는 것은 수혜(修慧)이다.

— 우익(藕益) 대사의 말씀이다.

세 가지
염불

염불에는 소리 없이 하는 묵지(默持), 높은 소리로 하는 고성지(高聲持), 작은 소리로 하는 금강지(金剛持)가 있다.

높은 소리로 하는 염불은 힘의 손실이 크고, 소리 없이 하는 염불은 졸음에 빠지기 쉽다. 고요하고 끊어짐 없이 염불하되 소리가 입술과 치아 사이에서 나게 하는 것을 금강지라고 한다.

세 가지 염불 가운데 어느 하나에만 집착해서는 안 된다. 힘이 든다고 느낄 때는 소리 없이 염불하고, 졸릴 때는 높은 소리로 하는 것이 좋다.

염불은 반드시 음절 음절이 입에서 나와서 귀로 들어가고, 소리마다 자기의 마음을 불러 깨워야 한다. 마치 어떤 사람이 깊은 잠에 빠졌을 때 다른 사람이 "아무개야."라고 부르면 그 사람이 곧 잠에서 깨는 것과 같다.
이것이 염불이 마음을 가장 잘 거둘 수 있는 이유이다.

_ 연지(蓮池) 대사의 말씀이다.

사종염불

(四種念佛)

네 가지 염불법이 있다. 네 가지 염불법이란 무엇인가.

첫째는 칭명염불(稱名念佛)이다. 아미타불의 명호를 부르는 것을 이른다. 밤낮으로 온 마음을 기울여 일만 번 부르거나 십만 번을 부른다. 이와 같이 하여 오랜 세월이 흐르면 염념(念念)이 끊어지지 않고 순일해져 다른 생각이 섞이지 않는다. 이런 정토행자가 목숨을 마치게 되면 반드시 저 부처님께서 몸을 나투어 극락세계로 영접해 주실 것이다.

둘째는 관상염불(觀像念佛)이다. 아미타불의 모습과 상호를 관찰하는 염불이다. 입으로 부처님 이름을 부르면 마음이 산란하지 않고, 마음이 산란하지 않으면 본성불(本性佛)이 따라서 나타난다. 이와 같이 하기를 오래 지어 가면 염념마다 끊어지지 않고 순일해져 다른 생각이 섞이지 않는다. 이런 정토행자가 목숨을 마치게 되면 반드시 저 부처님께서 몸을 나투어 극락세계로 영접해 주실 것이다.

셋째는 관상염불(觀想念佛)이다. 서쪽을 향해 단정히 앉아 생각을 바르게 하고 마음으로 묘관(妙觀)을 짓는 염불이다. 아미타불의 미간(眉間)에 있는 백호상(白毫相)의 빛을 관상하거나 발바닥에 있는 천폭륜상(千輻輪相)을 관상한다. 이와 같이 위에서 아래에 이르고, 아래에서 위에 이르면서 차례대로 관상한다. 관상이 순수해지고 익어지면 삼매가 앞에 나타날 것이다. 이런 정토행자는 결정코 극락에 왕생한다.

넷째는 실상염불(實相念佛)이다. 아미타불의 법성신(法性身)을 생각하여 바로 실상의 이치를 깨닫는 염불이다. 형체도 없고 모양도 없는 법성신은 허공과 같음을 알아 마음과 중생이 본래 평등함을 깨닫는다. 이와 같은 염불이 진실로 참된 염불이니 염념이 길이 이어지면 삼매가 나타날 것이다. 상속하여 삼매가 앞에 나타나 극락세계에 왕생할 것이다. 이런 정토행자는 결정코 극락에 왕생한다.

_『보현행원기』

다시는
물러나지 않는다

정토에 가서 나면 다시는 물러나지 않는 지위를 얻는다. 물러나지 않음에는 네 가지가 있다. 무엇이 네 가지인가.

첫째는 염불퇴(念不退)이다. 무명을 깨뜨리고 불성을 드러내는 것이니, 곧바로 실보장엄토(實報莊嚴土)에 태어나 상적광토(常寂光土)를 조금 증득한다.

둘째는 행불퇴(行不退)이다. 앎의 미혹이 이미 사라지고 번뇌의 미혹도 깨뜨려져 방편유여토(方便有餘土)에 태어나 극과(極果)에 나아간다.

셋째는 위불퇴(位不退)이다. 업을 짊어지고 왕생하는 것이니 범성동거토(凡聖同居土)에서 연꽃에 몸을 의탁하여 다시는 물러나지 않는 지위를 얻는다.

넷째는 필경불퇴(畢竟不退)이다. 염불이 전일하거나 산란하거나 염불을 하거나 하지 않거나 염불을 알거나 모르거나에 상관없이 끝내 물러나지 않는 지위를 얻음이다.

아미타불의 명호를 한 번이라도 스쳐 듣거나, 육방(六方)의 부처님께 한 번이라도 아미타경의 이름을 스쳐 들어도, 이와 같은 인연으로 천만억 겁 뒤에는 끝내 해탈한다. 이는 독을 바른 북소리를 들으면 멀거나 가깝거나 다 죽는 것과 같다. 또 금강석은 조금만 먹어도 길이 소화되지 않는 것과 같다.

— 우익(蕅益) 대사의 말씀이다.

염불하지
않을 수 없다

일이 뜻대로 되는 때를 만나면 염불하려 하지 않지만
뜻대로 되지 않는 때에 이르면 염불하지 않을 수 없다.

일이 마음대로 될 때에는 염불하려 하지 않지만 일이
마음대로 되지 않을 때에는 염불하지 않을 수 없다.

질병의 고통이 없을 때에는 염불하려 하지 않지만 병이
위독하여 죽게 될 때에 이르면 염불하지 않을 수 없다.

건강할 때에는 염불하려 하지 않지만 노쇠한 때에 이르
면 염불하지 않을 수 없다.

안광(眼光)이 꺼질 때에는 염불하려 하지 않지만 몸을 굴
려 관에 넣고 매장하여 천도(薦度)할 때에 이르면 염불하
지 않을 수 없다.

호흡이 아직 붙어 있어 미처 깨닫지도 못하는 사이에 홀연히 입에서 염불이 흘러나오는 임종자가 있다. 이런 이는 부처님께서 오셔서 다시 셈하여 부처님과 인연이 있게 된다.

"일곱 척의 작은 몸이 홀연히 관 속에 가로눕고 세 치의 호흡이 속절없이 끊어짐을 두려워하라." 이는 부처님께서 우리로 하여금 반드시 기억하도록 하신 말씀이지만 끝내 듣지 못한 이가 태반이다. 진실로 일러 말하겠다. 임종에 이르러 아미타불의 명호를 열 번 부르면 곧 왕생할 수 있다.

__『정토신종』

오필

(五必)

지금 사람은 아침이 오면 반드시 저녁이 되며, 더위가 오면 반드시 추워지며, 어리면 반드시 장성하게 되며, 장성하면 반드시 늙게 되며, 늙으면 반드시 죽게 되니, 옛날부터 지금까지 이러하다.

만일 사람이 아침이 되었는데 저녁에 대한 대비를 하지 않고, 더위가 왔는데 추위에 대한 대비를 하지 않으면 반드시 많은 이들이 그의 어리석음을 꾸짖을 것이다. 더구나 어렸다가 장성하고 늙어 죽게 되었는데 그에 대한 대비를 하지 않는다면 그 어리석음이 또한 심하지 않겠는가? 쑥쑥 태어나고 꿈틀꿈틀 자라다가 시들시들 늙어 죽게 되는데도 벙긋벙긋 웃다가 어느새 깜짝 놀라게 된다.

애욕의 강물과 욕망의 바다에 빠져도 누구도 그만둔 적

이 없고, 명예의 고삐와 이익의 수갑에 끌려다녀도 누구도 그만둔 적이 없다. 하루아침에 재가 식으면 불이 새로운 땔나무로 옮아가는데, 한 생애를 마칠 시기에 이르면 어떤 사람이 면할 수 있겠는가.

이후로는 육도(六道)와 삼도(三塗)에서 마치 녹로(轆轤)를 돌리는 것처럼 생멸을 거듭할 것이다. 날마다 생사의 업을 찾으면서 해탈할 방법을 구하지 않으니, 가엾게도 죽음을 두려워하지 않는다고 할 만하다. 진실로 죽음을 두려워하는 이는 반드시 생사에서 해탈할 방법을 구한다. 만일 해탈을 구한다면 염불을 버리고 무슨 길을 따르겠으며, 정토를 버리고 어디로 돌아가겠는가.

__『정토신종』

오념문

(五念門)

극락세계에 가서 나기를 바라는가? 그렇다면 〈오념문〉을 닦으라. 이 다섯 가지 왕생문(往生門)을 닦아 성취한 이는 결정코 극락에 왕생해 아미타부처님을 뵐 것이다.

다섯 가지란 무엇인가.

첫째는 몸으로 예배하는 문이다.
한마음으로 합장 공경하며 저 아미타불을 예배하라. 한 뜻으로 향과 꽃을 공양하며 저 아미타불을 예배하라. 오직 아미타부처님을 예배하라. 그리하여 목숨을 마칠 마지막 날을 기약하라.

둘째는 입으로 찬탄하는 문이다.
마음을 오롯이 하여 아미타불 몸의 광명을 입으로 찬탄하라. 마음을 오롯이 하여 극락세계 성중(聖衆)들의 광명을 입으로 찬탄하라. 마음을 오롯이 하여 장엄한 극락 세계의 광명을 입으로 찬탄하라.

셋째는 마음으로 기억하고 관찰하는 문이다.
바르게 깨인 마음으로 아미타부처님의 공덕 장엄을 관찰하라. 바르게 깨인 마음으로 성중(聖衆)의 공덕 장엄을 관찰하라. 바르게 깨인 마음으로 극락정토의 공덕 장엄을 관찰하라. 잠잘 때 말고는 이와 같은 공덕 장엄을 한결같이 기억하고 한결같이 관찰하라.

넷째는 늘 발원하는 문이다.
밤이나 낮이나 어느 때 어느 곳에서나 극락정토에 가서 나길 발원하라. 몸으로, 입으로, 마음으로 지은 공덕을 다 바쳐 극락정토에 가서 나기를 발원하라. 오가고 멈춰 서고 앉고 눕는 가운데 지은 공덕을 다 바쳐 극락에 가서 나기를 발원하라.

다섯째는 회향(廻向)하는 문이다.
스스로 지은 선근과 모든 범부와 현성(賢聖)이 지은 선근 공덕을 따라 기뻐하라. 아미타부처님과 보살님들이 기뻐하시는 선근 공덕을 따라 기뻐하라. 이와 같이 따라 기뻐하는 가없는 선근 공덕과 스스로 지은 선근 공덕을 모든 중생과 함께 극락정토에 회향하라.

— 세친보살의 『왕생론』 말씀이다.

염불도 하고
복도 지으면

복을 지어도 염불하지 않으면

그 복이 다하면 다시 윤회한다.

염불해도 복을 짓지 않으면

도에 들어가는 데 장애가 많다.

복도 짓지 않고 염불도 하지 않으면

지옥, 아귀, 짐승의 무리가 된다.

염불도 하고 복도 지으면

마침내 양족존(兩足尊)을 증득한다.

__ 연지(蓮池) 대사의 말씀이다.

두렵고
또 두렵다

사람의 몸은 물거품과 같아 생멸(生滅)이 무상하다. 이
같은 몸으로 세간을 살아야 하는 괴로움은 또 어떠하
랴. 홀연히 목숨이 다하는 날을 당하게 되면 평생 동안
지었던 죄업을 어찌 다 없앨 수 있겠는가!

눈앞의 일을 들어 말해 보자. 한 가지 바르지 않은 생각
을 일으키며, 한 가지 바르지 않은 말을 하며, 한 가지
바르지 않은 색깔을 보며, 한 가지 바르지 않은 소리를
들으며, 한 가지 바르지 않은 일을 하더라도 죄악이 아
님이 없다. 하물며 먹는 것은 중생의 고기요, 입는 것은
중생의 가죽이 아닌가. 나아가 지은 죄업은 고기를 먹
고 비단을 입는 것만이 아니다.

이것을 생각하면 진실로 두렵고 또 두렵다. 눈을 감은
뒤에는 악업의 인연을 면할 수 없고 이를 벗어날 기약

도 아득하다. 서방정토만이 가장 빨리 벗어날 수 있는
확실한 지름길이다. 다행히 얻기 어려운 몸을 얻었으니
건강할 때 이 큰일을 준비하라.

_『정토신종』

육바라밀
염불

진실하게 염불하면
몸과 마음과 세계를 다 내려놓게 되니
이것이 바로 큰 보시이다.

진실하게 염불하면
다시는 탐욕과 성냄과 어리석음을
일으키지 않게 되니
이것이 바로 큰 지계(持戒)이다.

진실하게 염불하면
옳고 그름과 나와 너를 따지지 않게 되니
이것이 바로 큰 인욕이다.

진실하게 염불하면
염불이 잠시도 끊어지거나

뒤섞임이 없게 되니
이것이 바로 큰 정진이다.

진실하게 염불하면
다시는 허망한 생각에 쫓기지 않게 되니
이것이 바로 큰 선정이다.

진실하게 염불하면
다른 갈림길에 미혹하지 않게 되니
이것이 바로 큰 지혜이다.

스스로를 점검해 보라.
그대는 몸과 마음과 세계를 아직도
내려놓지 못하고 있지 않는가?

그대는 아직도
탐욕과 성냄과 어리석은 생각이
저절로 일어나고 있는가?

그대는 아직도

옳고 그름과 나와 남으로 가슴이 타고 있는가?

그대는 아직도
염불이 끊어짐과 뒤섞임으로 이어지고 있는가?

그대는 아직도
허망한 생각에 밤낮으로 쫓김을 당하고 있는가?

그대는 아직도
갖가지 갈림길에 미혹되어 있는가?

만일 그렇다면 그대는
진실하게 염불하는 것이 아니다.

— 우익(藕益) 대사의 말씀이다.

염불
일념(一念)만이

염불 일념(一念)에 온 마음을 집중해
아미타불의 명호를 지녀라.

염불 일념만이 나의 본사(本師)이다.

염불 일념만이 바로 화신불(化身佛)이다.

염불 일념만이 지옥을 깨뜨리는 사나운 장수이다.

염불 일념만이 사악한 무리를 베는 보배로운 검이다.

염불 일념만이 어둠을 헤치는 밝은 등불이다.

염불 일념만이 고통의 바다를 건너는 크나큰 배이다.

염불 일념만이 생사를 벗어나는 신통한 처방이다.

염불 일념만이 삼계를 벗어나는 지름길이다.

염불 일념만이 자신의 본성인 아미타불이다.

염불 일념만이 유심정토에 도달하는 오직 한 길이다.

___ 자조종주(慈照宗主)의 말씀이다.

정토수행의
가장 훌륭한 점

염불할 때 입으로 외고 마음으로 생각하여
모든 악행을 짓지 않는다면
어찌 이것이 바로 계율이 아니겠는가.

염불을 청정한 경계에 두어
허깨비 같은 대상이 모두 사라진다면
어찌 이것이 선정이 아니겠는가.

염불을 하되 진실로 염불함이 없어
마음의 꽃이 맑아진다면
어찌 이것이 지혜가 아니겠는가.

온갖 분별을 쓸어버리고
한결같이 뜻을 서방에 묶어 두라.
그러면 몽둥이찜질을 하거나

권수정토문

큰 소리로 꾸짖지 않아도
원돈의 기틀을 깨닫게 되리라.

대장경을 열람하지 않아도 정법의 눈을 얻고
네 가지 위의를 지니지 않아도
대자재(大自在)를 얻게 되리라.
그리하여 더럽지도 않고 깨끗하지도 않으며
속박도 없고 벗어남도 없는 몸이 되리라.

이런 때를 당하여
무엇이 계(戒)·정(定)·혜(慧)이며,
무엇이 선(禪)·교(敎)·율(律)인가.
내 마음과 부처님 마음이 조금도 차별이 없게 되니
이것이 정토수행의 가장 훌륭한 점이다.

＿『권수정토문』

일심불란을 이루는
참다운 길

염불은 일심불란(一心不亂)에 있을 뿐 다시 다른 길이 없다. 여기 눈으로 약을 보고 손으로 약을 만지기만 하거나, 코로 약 냄새를 맡거나, 그릇에 약을 담고 물에 약을 넣어 달이기만 할 뿐 그 약을 먹지 않는 환자가 있다고 하자.

그는 이렇게 말한다. "나는 약으로 병을 다스리려 하는데 이 병은 다스려지지 않는구나. 중한 병은 약으로 고칠 수 없다." 또 이렇게도 말한다. "이 약은 신통하지 않다. 처방을 다시 받아 새 약을 써야겠다. 참으로 답답하고 막막하구나." 병은 그 약을 스스로 복용해야 낫는다. 또 다른 사람이 대신 먹어 준다고 낫는 것도 아니다.

염불할 때 숫자에 얽매이지 마라. 몇만의 숫자를 채우려고 애쓰는 것은 약을 받기만 하고 먹지 않는 것과 같다.

권수정토문

약이 산더미처럼 쌓인다 해서 병이 나을 수 있겠는가.
약은 입으로 먹어야 하고 염불은 마음으로 해야 한다.

약은 방울 방울이 자신의 입속으로 들어가야 한다. 그
리고 염불은 소리 소리가 자신의 마음속에서 나와야 한
다. 이것이 일심불란을 이루는 참다운 길이다.

___『복보지남』

일곱 가지
훌륭함

염불의 공덕에는 일곱 가지 훌륭함이 있다.

첫째는 말이 적고 행하기 쉬운 훌륭함이다. 나무아미타불 한 구절만을 부르니 온갖 사람들이 염송할 수 있기 때문이다.

둘째는 생각의 대상이 되는 부처님과 세계의 훌륭함이다. 일심으로 부처님 몸의 상호를 생각하고 정토를 경계로 삼아 반연하고 생각하기 때문이다.

셋째는 어려움을 떠나고 편안함을 얻는 훌륭함이다. 모든 부처님과 보살들이 염불하는 이를 보호하여 모든 환란이 없게 하고 편안하고 경사롭게 가피해 주시기 때문이다.

넷째는 이름을 불러 죄를 없애는 훌륭함이다. 염불하는 한 소리는 팔십억 겁의 무거운 죄를 없애 주기 때문이다.

다섯째는 염불로 복을 얻는 훌륭함이다. 부처님을 부르는 한 소리는 사천하의 일곱 가지 보배로 부처님과 아라한을 공양하는 것보다 뛰어나기 때문이다.

여섯째는 과보로 부처님을 뵙는 훌륭함이다. 중생들이 부처님을 생각하면 반드시 부처님을 뵙기 때문이다.

일곱째는 아미타불의 영접을 받고 왕생하는 훌륭함이다. 화신 부처님과 보살들께서 빛을 놓아 정토로 영접해 주시기 때문이다.

_『감로소』

여덟 가지
믿음

염불하고자 하면 반드시 믿는 마음을 일으켜야 한
다. 무엇을 믿어야 하는가.

염불하면 결정코 정토에 태어남을 믿는다.
염불하면 결정코 모든 죄를 없앰을 믿는다.
염불하면 결정코 부처님께서 호념해 주심을 믿는다.
염불하면 결정코 부처님께서 증명해 주심을 믿는다.
염불하면 결정코 임종할 때 부처님께서 오셔서
영접해 주심을 믿는다.
염불하면 결정코 함께 믿는 사람들이
모두 왕생함을 믿는다.
염불하면 결정코 왕생하여 불퇴지 얻음을 믿는다.
염불하면 결정코 정토에 태어나
삼악도에 떨어지지 않음을 믿는다.

_『정토신종』

열 가지
마음

열 가지 마음을 일으켜 오로지 아미타부처님을 생각한 정토행자는 목숨을 마칠 때 결정코 왕생한다. 무엇이 열 가지 마음인가.

첫째, 손해를 입히지 않는 마음이다. 정토행자는 모든 중생을 향해 언제나 대비심을 일으켜 손해를 입히지 않고 기쁨을 얻게 해야 한다.

둘째, 괴롭히지 않는 마음이다. 정토행자는 모든 중생을 향해 언제나 대비심을 일으켜 연민심으로 고통에서 벗어나게 해야 한다.

셋째, 기꺼이 수호하는 마음이다. 정토행자는 부처님의 가르침을 몸과 목숨을 아끼지 않고 지키고 보호해야 한다.

넷째, 집착하지 않는 마음이다. 정토행자는 항상 지혜의 눈으로 살펴 일체법에 집착을 내지 않아야 한다.

다섯째, 깨끗한 뜻을 일으키는 마음이다. 정토행자는 혼탁하게 물드는 세상법을 여의고 손해와 이익에 편안해하는 만족할 줄 아는 마음을 지켜야 한다.

여섯째, 잊어버리지 않는 마음이다. 정토행자는 정토에 태어나 부처님의 지혜 이루기를 발원하고 언제나 이 발원을 잊지 말아야 한다.

일곱째, 경시하지 않는 마음이다. 정토행자는 항상 평등한 마음을 일으켜 모든 중생을 존중하고 공경하며 경시하거나 교만한 마음을 내지 않아야 한다.

여덟째, 결정하는 마음이다. 정토행자는 세간의 말에 집착하지 않고 위없는 보리도에 깊고 바른 믿음을 내며 끝내 의혹을 일으키지 않아야 한다.

아홉째, 섞이어 물들지 않는 마음이다. 정토행자는 공

덕을 닦아 익히고 모든 선근을 심어 마음이 항상 온갖 번뇌에 섞이어 물드는 것을 멀리 떠나야 한다.

열째, 이치에 수순하는 생각을 일으키는 마음이다. 정토행자는 여래의 상호를 관하되 애착하는 마음을 내지 않고 무념(無念) 중에 항상 저 부처님을 생각해야 한다.

_『대보적경』

스물네 가지
즐거움

극락세계에는 스물네 가지 즐거움이 있으니
무엇이 스물네 가지인가.

1. 울타리가 둘러싸 방호하는 즐거움이다.
2. 보배 그물이 허공에 펼쳐진 즐거움이다.
3. 나무가 통행하는 길에 그늘을 드리우는 즐거움이다.
4. 칠보로 된 목욕할 수 있는 연못이 있는 즐거움이다.
5. 팔공덕수(八功德水)가 맑고 잔물결을 일으키는 즐거움
   이다.
6. 연못 바닥에 금모래가 보이는 즐거움이다.
7. 계단 사이에 빛이 나는 즐거움이다.
8. 누대가 공중에 솟아 있는 즐거움이다.
9. 네 가지 연꽃에서 향기가 퍼지는 즐거움이다.
10. 땅이 황금으로 이루어진 즐거움이다.
11. 팔음(八音)이 항상 연주되는 즐거움이다.

12. 밤낮으로 꽃비가 내리는 즐거움이다.

13. 새벽에 격려하는 즐거움이다.

14. 오묘한 꽃을 장엄하여 지니는 즐거움이다.

15. 타방세계의 부처님께 공양하는 즐거움이다.

16. 극락세계를 경행하는 즐거움이다.

17. 뭇 새들이 조화롭게 우는 즐거움이다.

18. 하루 종일 법을 듣는 즐거움이다.

19. 삼보를 늘 생각하고 실감하는 즐거움이다.

20. 삼악도가 없는 즐거움이다.

21. 부처님께서 변화하는 즐거움이다.

22. 나무가 보배 그물을 흔드는 즐거움이다.

23. 삼천대천국토에서 같은 소리를 내는 즐거움이다.

24. 성문(聲聞)이 발심하는 즐거움이다.

_『안국초』

하루라도 빼먹는 것을
용납하지 말라

인연의 그물 속에서 무상함을 뼈저리게 느껴 다만 간절하게 염불하고자 하는가. 그렇다면 조용하고 시끄럽고 한가하고 바쁜 것을 가리지 말고 그 가운데서 염불을 지어 나가야 한다.

사적인 일이거나 공적인 일이거나 오직 염불 속에서 그 일을 처리해 나가라. 손님을 맞아 접대를 하고, 온갖 일이 어지러이 사방팔방으로 교차해도 염불과는 서로 방해가 되지 않는다.

들어 보지 못했는가. 옛사람이 말씀하시기를 "아침에도 나무아미타불, 저녁에도 나무아미타불, 화살처럼 정신없이 바쁘다 해도 아미타부처님을 떠나지 않네."라고 하셨다.

무거운 세상 인연 속에 힘이 달릴수록 바쁜 와중에도
짬을 내고 시끄러움 속에서 조용한 곳을 찾으라. 그리
하여 매일 백 번이나 천 번 소리 내어 염불하는 것으로
일과를 삼아서 단 하루도 빼먹는 것을 용납해서는 안
된다.

__『정토신종』

염불삼매
만이

염불삼매는 모든 번뇌와 지어 온 악업을 없앤다. 어떤
삼매는 음심(淫心)만 없앨 뿐 성내는 마음은 없애지 못하
거나 성내는 마음만 없앨 뿐 음심은 없애지 못한다. 또
어떤 삼매는 어리석은 마음만 없앨 뿐 음욕(淫慾)과 성내
는 마음은 없애지 못하거나 탐욕·성냄·어리석음의 삼
독(三毒)은 없애지만 전생의 죄업은 없애지 못한다.

염불삼매야말로 모든 번뇌와 숙세의 모든 악업을 없애
준다. 염불삼매에는 대복덕이 있어 능히 중생을 제도
할 수 있다. 그러기에 모든 보살께서 이 염불삼매로 중
생을 제도하고자 하시는 것이다. 수많은 삼매가 있지만
이 염불삼매만큼 큰 복덕을 지니고 속히 모든 악업을
없애 줄 수 있는 삼매는 없다.

부처님은 법의 왕이시고 보살은 법의 장수이시니 보살

은 오직 부처님을 높이 여기고 존중한다. 그러므로 늘 염불하는 것이다. 왕의 특별한 은총을 입은 신하가 늘 왕을 생각하는 것처럼 보살도 늘 부처님을 우러른다. 보살은 가지가지 공덕과 무량한 지혜를 갖춰 부처님의 은혜가 무겁다는 것을 안다. 그래서 늘 염불하는 것이다.

__『대지도론』

다만
한 생각일 뿐

다만 '아미타불'이라는 네 음절의 명호를 늘 마음에 두고 잃어버리지 마라. 그러면 부르는 염념(念念)마다 아미타불께서 그대 앞에 나타나고, 부르는 염념마다 아미타불께서 그대 마음을 떠나지 않으실 것이다. 이와 같이 짓는 염불이 분명하고 어둡지 않다면 굳이 남에게 돌아갈 길을 물을 필요가 있겠는가?

___『여산연종보감』

십념(十念)하는
마음

십념(十念)하는 마음, 그 시간은 매우 짧지만 그 용맹함
은 비상(非常)히 강대하다. 그것은 불씨나 독처럼 비록
그 양은 적어 보여도 거뜬히 왕생의 대사(大事)를 이룬
다. 죽음이 드리울 때 십념하는 마음은 용맹하고 강건
하기가 백 년의 수행력보다 뛰어나다. 최후의 마음을
대심(大心)이라 하는 것은 몸과 모든 공력을 바치는 것이
급하고 절박하기 때문이다. 십념하는 마음은 전쟁터에
들어가 목숨을 아끼지 않는 용건(勇健)함과 같다. 십념하
는 마음은 아라한이 몸에 대한 집착을 홀연히 비워 아
라한도를 얻는 것과 같다.

__『대지도론』

어찌 즐겁지
아니하랴!

전수(專修)를 버리고 잡수(雜修)를 해 정토에 가서 난 이는
매우 드물다. 있다고 해도 백에 한둘이나 천에 서넛일
것이다. 무슨 까닭인가.

잡다한 인연으로 어지럽게 움직여서
정념을 잃은 까닭이다.
부처님의 본원과 상응하지 않는 까닭이다.
가르침에 어긋나기 때문이다.
부처님의 말씀을 따르지 않은 까닭이다.
부끄러운 마음과 참회하는 마음이 없는 까닭이다.
부처님의 은혜에 보답할 마음이
늘 넘치지 않는 까닭이다.
비록 정업행(淨業行)을 짓지만
명리(名利)와 상응하는 까닭이다.
나와 남을 분별하며

권수정토문

동행 선지식을 가까이하지 않는 까닭이다.
잡다한 인연을 즐겨
나와 남의 왕생정행(往生淨行)을
장애하는 까닭이다.

나는 요즘 곳곳의 출가자와 재가자들의 정행수행을 두루 보고 들었다. 저들은 저마다 해행(解行)이 다르고 전잡(專雜)이 같지 않았다. 한결같은 마음으로 정행을 닦는 이는 열이면 열이 왕생한다는 사실을 확인할 수 있었다. 그러나 잡행을 닦거나 지극하지 않은 마음으로 닦아 왕생한 이는 천 명 가운에 한 명도 찾아볼 수 없다. 왜 그럴까? 나는 두 길의 얻음과 잃음의 까닭을 이미 앞에서 밝혔다. 정토에 가서 나고자 발원한 정토행자는 깊이 사유하기를 바란다.

이 몸으로 저 나라에 태어나기를 바라는가.
행주좌와에 반드시 마음으로 격려하고
자신을 이겨 내어 밤낮으로 포기하지 마라.
이렇게 하기를 목숨이 다할 때까지를
그 기한으로 삼으라.

이런 일생이 조금 괴로울 것 같지만

찰나에 왕생하고 보면

그 또한 찰나의 지난 생이 되리라.

영겁토록 진리의 기쁨을 누리면서

마침내 성불하여 나고 죽음을 마치게 될 것이니

어찌 즐겁지 아니하랴!

어찌 즐겁지 아니하랴!

_ 선도(善導) 대사의 말씀이다.

꾀부리다가
일을 망치고

정토법문은 믿음과 발원으로 염불하여 극락왕생을 구하는 것을 종지로 삼는다. 사람들은 이 법문을 너무 평이하게 여기고 선종의 참구하는 법은 수승하다고 여긴다. 그래서 깨달음만 중시하지 믿음과 발원으로 왕생을 구하는 것을 중시하지 않는다. 그러면서 듣기 좋은 말로 '선정쌍수'라고 한다.

이런 말의 실속을 들여다보면 선(禪)도 없고 정토도 없다. 왜 그런가. 확철대오의 경지까지 이르지 못하면 '선이 있다.'고 말할 수 없다. 요즘 참선하는 사람들 가운데 어느 누가 진실로 확철대오의 경지에 도달하였는가.

그들은 오직 참구만 중시한다. 그래서 서방정토의 의정 장엄들을 모두 마음으로 돌린다. 그러다 보니 믿음과 발원으로 왕생을 구하려는 생각은 추호도 없게 되는 것

이다. 비록 염불을 한다고는 말하지만 실제로는 염불의
이치와 완전히 상반된다.

어떤 이들은 또 그럴듯한 용어를 빌려 '실상염불'이라고
말한다. 실상은 비록 모든 법의 근본이 되지만 업장이
두터운 범부들이 어찌 도달할 수 있단 말인가. 근본으
로 돌아가면 참선도 의지할 수 없고 정토도 의지할 수
가 없게 되고 만다.

자력을 의지하면, 설사 확철대오의 경지에 이르렀다 할
지라도 혹업(惑業)을 다 끊지 못하였다면 생사를 끝마칠
수 없다. 그러니 아직 깨닫지 못한 이들은 거론할 필요
조차 없다. 부처님의 힘을 의지하려면 반드시 진실한
믿음과 간절한 믿음과 간절한 발원으로 염불하여 서방
에 태어나기를 구해야 한다.

참선만 고집하는 이들은 항상 서방정토와 무량광, 무량
수를 모두 다 자신의 마음으로 돌린다. 하지만 그들은
자신의 마음으로 단지 헛되이 그 이름만 고집할 뿐 마
음의 실체는 증득하지 못하였다. 서방의 부처님은 실감

이 없이는 상응할 수가 없고 자기 마음의 부처님은 인위(因位)에서 아무런 위덕이 없다.

높고 수승한 법만을 추구하는 이들은 항상 꾀부리다가 일을 망치고 위로 오르기를 바라지만 도리어 아래로 떨어지고 만다. 그런데도 제방의 선지식들은 원융하다는 칭찬을 받고자 해서인지 절대 이와 같은 말을 하려 하지 않는다.

— 인광(印光) 대사의 말씀이다.

유심정토와
자성미타

극락정토는 아미타불의 원력(願行)으로 이루어졌고, 아미타불의 일체종지(一切種智)로부터 나타난 세계이다. 곧 극락의 모든 경계가 부처님의 심성이 변하여 나타난 상분장엄(相分莊嚴)인 것이다. 모든 장엄이 전부 불심(佛心)이어서 전리성사(全理成事)이고 전사즉리(全事卽理)이다.

또한 극락정토는 모두 중생들이 정업(淨業)으로 감득한 바이고, 오직 식(識)이 변화한 것이다. 중생들의 심성이 변화하여 나타난 바이므로 모든 장엄이 다 중생심(衆生心)이다. 그러므로 불심과 중생심은 서로 본질경(本質境)과 대질경(帶質境)이 되는 것이다.

불심과 중생심이 각자 변화한 두 가지 극락세계와 두 가지 상분장엄이지만, 이 두 가지는 서로 의탁하고 서로 끌어내므로 바깥의 부처를 의탁하는 것 같지만 실제로는 여전히 유심(唯心)이다. 비록 밖이라 말하지만 실제로는 밖이 아니니, 마음 밖에 부처가 없기 때문이다.

극락세계의 모든 장엄은 우리들의 심성 밖을 벗어나지 않는다. 그 모두가 우리들의 마음에 본래 갖춰져 있던 것이 변화해 나타난 것이다. 비록 부처님께서 성취하신 것이지만 동시에 중생들이 성취한 바를 벗어나지 않으니 이것이 바로 유심정토와 자성미타이다.

다시 말해, 극락정토와 아미타불은 중생들의 심성 밖에 있지 않다는 것이다. 왜냐하면 심성에는 밖이 없기 때문이다. 따라서 마음과 성품만 있고 정토와 미타가 없는 것이 아니다. 확실하게 극락과 미타가 있으면서도 동시에 그것은 나의 마음에 갖춰져 있고 나의 마음이 만들어 냈다는 것이다. 이것이야말로 진정한 유심정토와 자성미타의 참뜻이다.

— 인광(印光) 대사의 말씀이다.

유심정토니
자성미타니

유심정토와 자성미타라는 말에는 잘못이 없다. 잘못은 학인들이 이 말의 원융한 뜻을 이해하지 못하고 지나치게 한쪽만을 고집하는 데 있다. 이는 마치 서륙(徐六)이 멜대를 매는 것과 같다.

선종을 제대로 깨닫지 못한 사람들은 오로지 유심정토와 자성미타라는 말에 집착하여 정토와 미타는 실제로 존재하는 것이 아니라고 말한다. 이렇게 말하는 이들은 선종을 제대로 모르는 이들이다. 그러니 어떻게 정토를 알겠는가.

정토종의 고덕들께서 말씀하신 유심정토와 자성미타는 무엇인가. 서방정토가 유심(唯心)을 벗어나지 않았고 아미타불이 자성을 떠나지 않았다는 말씀이다. 성(性)과 상(相), 사(事)와 이(理), 인(因)과 과(果)가 모두 이 법문 속에 원만하게 드러난다.

요즘 사람들은 대부분 사와 이치를 명확하게 이해하지 못한다. 그래서 차라리 사실에 의거해 말할지언정 이치에 따라서 설하는 것을 꺼려한다. 오해를 불러일으켜 활달공(豁達空)이 되는 것을 피할 수 있기 때문이다.

이치에 어두운 이들은 서방극락세계가 본래 유심정토이고 극락도사 아미타불이 본래 자성미타라는 사실을 모르고 있다. 그래서 그들은 실재하는 극락을 버리고 공허한 이론에만 집착하여 사람들로 하여금 자성미타를 염(念)하여 유심정토에 태어나라고 가르치고 있다. 저들은 여래께서 범부와 성인들에게 두루 이익을 줄 수 있는 정토법문을 법을 상징하는 우화로 잘못 인식하고 있다. 그리하여 오직 한 번 깨닫기만을 바랄 뿐 그 밖의 것은 생각지도 않는다.

이름만 고명(高明)한 이들이 많다. 그들은 어리석은 남녀가 오직 염불로 암암리에 부처님의 지혜와 통하고, 자신도 모르게 중도의 묘한 이치와 계합하고, 감응을 이

루어 부처님의 접인을 받아 곧바로 왕생하는 이들만 못
하다.

그 병은 어디에 있는가. 높고 수승한 것을 추구하지만
높고 수승한 이유에 대해서는 깊이 이해하지 못하기 때
문이다. 이렇게 꾀만 부리다가 큰일을 망치고 높이 오
르려다가 아래로 떨어지고 마는 격이 된 것이니 몹시
비통한 일이 아닐 수 없다.

— 인광(印光) 대사의 말씀이다.

그대가 태어날
정토의 연꽃 봉오리

정토법문을 버리고는 생사를 벗어날 수 없다. 정토법문은 일체 악업을 단박에 뛰어넘는 횡초방편(橫超方便)이다. 만 명이 닦아 만 명이 왕생하는 공부는 염불법문밖에 없다.

요즘 눈먼 선객들이 아미타불을 염(念)할 필요가 없다거나 정토에 가서 날 필요가 없다고 말한다. 두루뭉술하고 어리석기 짝이 없는 망령된 말이다. 밑 없는 생사의 구덩이가 그들을 기다리고 있을 뿐이다. 잠자리가 불편해도 반드시 편안히 손보거늘, 불타는 집과 같은 삼계를 벗어날 생각을 하지 않는다면 어찌 옳다고 하겠는가.

저들은 "마음만 깨달으면 여기가 바로 적광토(寂光土)다."라고 말한다. 그렇다면 왜 "심한 욕이 칭찬이고, 지독하게 때림이 공양이며, 더러운 똥이 전단(旃檀)이고, 흙탕

과 숯불이 천궁의 보배 궁전이다."라고는 말하지 않는
가. 똥을 먹고 숯불에 눕지 못한다면 결코 가서 태어나
생사를 여읠 정토를 버려서는 안 된다. 설사 똥을 먹고
숯불에 누울 수 있다 해도 그런 행위는 돼지나 닭, 개도
할 수 있는 일이다.

어찌 그것을 노실(老實)하게 염불을 하여 '믿음'으로 이끌
고 '발원'으로 총괄하는 정토법문과 같다고 하겠는가!
어찌 그것을 곧바로 구품연대에 나서 관음보살과 대세
지보살의 해회대중(海會大衆)들과 한 가족이 되는 것과 같
다고 하겠는가!

삿되고 그릇된 견해를 가진 망령된 선객들이 한때뿐일
헛된 명성을 얻으려다 만 겁 동안 발설지옥에 떨어질
것을 생각해 보라! 그들은 혀를 뽑아 밭을 가는 극심한
고통을 받게 될 것이니 어찌 그것이 구름과 진흙의 차
이일 뿐이겠는가.

마음이 어지럽든 마음이 고요하든 그 마음에 상관 말고
다만 정해 둔 그날 그날의 공부를 평생을 두고 묵묵히

지어 나가라. 오직 간절한 일념으로 한결같이 염불한다
면 그대가 태어날 정토의 연꽃 봉오리는 오늘도 무럭무
럭 자라나리라.

__ 우익(藕益) 대사의 말씀이다.

아미타불과
정토행자의 인연

첫째는 한 몸 인연인 친연(親緣)이다.

입으로 아미타불을 부르면 아미타부처님께서 곧바로 들으신다. 몸으로 아미타불께 예배하면 아미타부처님께서 곧바로 보신다. 마음으로 아미타불을 생각하면 아미타부처님께서 곧바로 아신다. 이와 같이 아미타불을 기억하고 생각하면 아미타부처님께서도 기억하고 생각하신다. 부처님과 정토행자의 삼업(三業)이 서로 다르지 않고 서로를 여의지 않기에 한 몸 인연 곧 '친연'이라고 한다.

둘째는 가까운 인연인 근연(近緣)이다.

아미타불 뵙기를 원하면 아미타부처님께서 곧바로 응하여 그 상호를 눈앞에 나투어 주시기에 가까운 인연 곧 '근연'이라 부른다.

셋째는 도움이 되는 인연인 증상연(增上緣)이다.

염불하면 오랜 겁의 죄가 사라지고 임종 시에 아미타부처님과 성중들이 영접해 주신다. 이런 때에 온갖 삿된 업의 매듭이 장애할 수 없기에 '증상연'이라 한다.

다른 모든 공덕행들도 물론 선행(善行)이라고 할 수 있지만 염불에 빗댄다면 결코 비교되지 않는다. 이런 까닭에 여러 경전은 곳곳에서 염불공덕을 널리 찬탄하신 것이다. 『무량수경』은 사십팔대원에서 오직 아미타불의 명호를 불러 왕생함을 밝히셨다. 또 『아미타경』은 이레 동안 오직 아미타불의 명호를 불러 왕생함을 말씀하셨는데 시방세계 항하사 부처님들께서 이 말씀이 진실임을 증명해 주셨다. 『관무량수경』은 정선(定善)과 산선(散善)의 말씀 가운데 오직 명호를 불러 왕생함을 밝히셨다.

— 선도(善導) 대사의 『관경소』 말씀이다.

망념이 많다고 싫어 말고
믿음이 얕음을 한탄하라

크게 기뻐하라!

삼악도를 벗어나 인간으로 태어나지 않았는가.

비천하더라도 짐승에 비길 것이며

가난하더라도 아귀보다 뛰어나며

뜻대로 풀리지 않는다 해도

지옥의 고통과 비교하랴.

이슬 같은 이 몸

다시 기약 없으니

근심 많은 나날은 출세간(出世間)의 인연이고

비천과 온갖 고통은 보리도의 길잡이일세.

크게 기뻐하라!

삼악도를 벗어나 인간으로 태어나지 않았는가.

더구나 본원(本願) 깊으신 아미타불 만나

왕생의 길 열렸으니

권수정토문

크신 본원 우러르며 환희심 절로 내어
시시때때로 염불하면 결정코 영접 받으리.

망념(妄念) 천진불이니 망념 밖에 마음이 없어
임종에 이를 때까지 한결같은 망념범부라네.
이것을 알고 염불을 하면
아미타불 영접 받아 연화대에 오르는 순간
망념이 곧 깨달은 마음[覺心] 된다네.

망념에서 나온 염불은 진흙밭 연꽃 같아
죄업에 물들지 않고 왕생으로 이끈다네.
망념이 많다고 싫어 말고 믿음이 얕음을 한탄하라.
깊고 깊은 믿음으로 오직 아미타불을 부르라.

— 원신(源信) 대사의 말씀이다.

염불은
마음 밖의 일이 아니다

아미타불을 구하는 것이 곧 내 마음을 구하는 것이다. 그것은 밖에서 구하는 일이 아니다. 내 마음을 구하려면 아미타불께 구해야 한다. 어찌 다른 부처님들로 내 마음을 어지럽게 하겠는가. 우리는 취하고 버리고, 좋아하고 싫어하고, 치열하게 상(相)에 집착하면서 살아간다. 그러는 하루하루 속에서 아미타불을 구하니 이것을 어찌 마음 밖의 일이라 하겠는가.

이와 같이 부처님을 구하고 내 마음을 구하는 것은 아미타부처님께서도 허락하셨다. 본래 마음을 깨닫지 못한 어리석은 이들은 서방극락세계의 아미타부처님께 구하지 않고 오직 자신의 허망한 마음을 향해 구한다. 그러면서 유심정토와 자성미타를 말하니 진실로 바른 가르침에서는 멀다.

__『보왕삼매염불직지』

부모의 역량이지
아기의 능력이 아니다

부모는 아기의 울음소리를 들으면 급히 달려와 아기를 보살핀다. 아기가 배고파 울면 음식을 주고, 추워서 울면 옷을 입히고, 더워서 울면 시원하게 해 준다. 이것은 부모의 역량이지 아기의 능력이 아니다.

염불도 이와 같다. 아기가 울듯 오직 염불만 하면 대자대비하신 부처님께서 그 소리를 찾아 바로 구원해 주신다. 찾아와서 모든 죄업을 소멸해 주시고 모든 병고를 치유해 주시고 모든 장애를 떨어 없애 주신다. 이는 부모가 자식을 키우는 것과 다르지 않다. 그런 까닭에 부처님께서는 『법화경』에서 이렇게 말씀하셨다. "모든 중생들은 다 나의 사랑하는 아들딸이다. 내가 이제 누겁 동안 고통으로 불타고 있는 너희들을 건져 내어 삼계의 불집에서 길이 벗어나게 하리라."

— 선도(善導) 대사의 『염불경』 말씀이다.

항상 정진하되
게으르지 말라

있느냐 없느냐, 일체 상념을 일으키지 말라.
나아갈지도 생각 말고 물러설지도 생각 말며
앞인지도 생각 말고 뒤인지도 생각 말며
왼쪽인지도 생각 말고 오른쪽인지도 생각 말며
없는지도 생각 말고 있는지도 생각 말라.

먼지도 생각 말고 가까운지도 생각 말라.
아픈지도 생각 말고 가려운지도 생각 말며
배고픈지도 생각 말고 목마른지도 생각 말며
추운지도 생각 말고 더운지도 생각 말며
괴로운지도 생각 말고 즐거운지도 생각 말라.

태어남도 생각 말고 늙음도 생각 말라.
병듦도 생각 말고 죽음도 생각 말며
건강도 생각 말고 장수도 생각 말며

권수정토문

가난도 생각 말고 부유함도 생각 말며
귀함도 생각 말고 천함도 생각 말라.

색욕도 생각 말고 탐욕도 생각 말라.
작음도 생각 말고 큼도 생각 말며
깊도 생각 말고 짧음도 생각 말며
잘생김도 생각 말고 못생김도 생각 말라.
악함도 생각 말고 선함도 생각 말며
성냄도 생각 말고 기쁨도 생각 말라.

앉음도 생각 말고 일어남도 생각 말라.
걸음도 생각 말고 멈춤도 생각 말며
경(經)도 생각 말고 법(法)도 생각 말며
옳음도 생각 말고 그름도 생각 말며
버림도 생각 말고 취함도 생각 말며
생각도 생각 말고 앎도 생각 말며
끊음도 생각 말고 집착도 생각 말라.

텅 빔도 생각 말고 가득 참도 생각 말라.
가벼움도 생각 말고 무거움도 생각 말며

어려움도 생각 말고 쉬움도 생각 말며
깊음도 생각 말고 얕음도 생각 말며
넓음도 생각 말고 좁음도 생각 말라.

아버지도 생각 말고 어머니도 생각 말라.
아내도 생각 말고 자식도 생각 말며
친한 이도 생각 말고 먼 사이도 생각 말며
미워함도 생각 말고 좋아함도 생각 말며
얻음도 생각 말고 잃음도 생각 말며
성공도 생각 말고 실패도 생각 말며
청정함도 생각 말고 탁함도 생각 말라.

모든 생각 끊어 두고 한 기한에 염불하라.
뜻을 어지럽히지 말며
항상 정진하되 게으르지 말라.
세월을 헤아리지 말고
나날의 공부에 싫증 내지 말며
일념으로 지어 가되 중간에 소홀하지 말며
잠을 없애고 그 마음을 전일하게 밝혀라.

_『반주삼매경』

권수정토문

구제는 자력으로
이룰 수 있는 것이 아니다

나는 돌아가신 부모의 천도를 위해 단 한 번도 염불을
한 일이 없다. 그 이유는, 살아 숨 쉬는 모든 생명이 먼
옛날부터 죽고 태어남을 되풀이하는 동안, 서로가 서로
의 부모 형제가 되어 온 것이기 때문이다. 따라서 이 모
든 사람들을 내가 다음 생에 성불해서 구제해야만 한
다. 구제라는 것이 나 스스로의 힘으로 이룰 수 있는 길
이라면 염불한 공덕으로 부모를 구제할 수 있겠지만,
정작 구제는 자력으로 이룰 수 있는 것이 아니기 때문
이다.

오직 자력을 버리고 하루라도 빨리 깨치게 된다면, 어
떤 세계에 어떤 모습으로 태어나 어떤 업고를 치르게
된다 해도, 아미타부처님의 힘으로 우선 연이 닿는 사
람부터 구제할 수가 있을 것이다.

— 친란(親鸞) 대사의 말씀이다.

아미타불에 대한
믿음과 서원

아미타부처님께서 모든 중생을 구제해 주신다는 불가사의한 서원에 힘입어, 결정코 극락에 왕생할 것을 믿고 염불하겠다는 마음이 일어나는 그 순간에, 우리는 바로 아미타부처님의 은혜 속에 있게 된다.

아미타부처님의 서원은 모든 중생에게 차별 없이 이루어지니 오로지 믿음만이 필요할 뿐이다. 그것은 오직 죄업 많고 번뇌가 끝없는 중생을 구제하기 위한 서원이기 때문이다. 그러기에 아미타부처님의 서원을 믿지 않는 다른 어떤 수행도 생사의 바다를 건너는 데는 아무런 소용이 없다.

염불보다 확실한 수행 방법은 없으니 어떤 악도 두려워할 필요가 없다. 여래의 서원을 믿지 않는 것만큼 큰 잘못이 없다. 여래의 서원의 위력은 인간이 범할 수 있는 어떤 악의 힘보다 위대하기 때문이다.

__ 친란(親鸞) 대사의 말씀이다.

선인도 왕생할 수 있는데
하물며 악인이랴

나는 말한다. "선한 사람도 극락정토에 가서 날 수 있는데 하물며 악한 사람이야 더 말할 것이 없다."라고. 그러나 세상 사람들은 "악한 사람도 정토에 가서 날 수 있는데 하물며 선한 사람이야 더 말할 것이 없다."라고 말한다.

세상 사람들의 말은 그럴 듯하게 들린다. 하지만 그것은 아미타부처님의 본원을 모르고 하는 말이다. 그 까닭이 무엇인가. 스스로의 노력으로 해탈하고자 수행하는 선한 사람들은 자신도 모르는 사이에 일어나는 자만심 때문에, 또 아미타부처님의 서원에 의지하는 마음이 없기에 아미타부처님의 서원에서 어긋나게 된다.

그러나 스스로의 힘을 과신하는 마음을 버리고 아미타부처님의 서원의 힘에 의지한다면 누구든지 생각지도 못한 밝고 생기 있는 생활인으로 태어날 수 있다. 그 자리가 바로 극락정토인 것이다. 한평생을 가득 찬 번뇌로 살아가는 우리 중생들을 위해, 아무리 노력해도 생사의 경계를 넘어 밝은 경지에 도달할 수 없는 우리 중생들을 불쌍히 여기시어 아미타불께서는 그렇게 크나큰 원을 세우셨던 것이다.

이것은 자신의 밑바닥에 숨은 악에 대한 비통함을 탄식하는 악한 사람들, 곧 자신의 힘으로는 도저히 해탈을 꿈꿀 수 없어 아미타부처님께 자신을 맡길 수밖에 없는 사람들을 구원하기 위해서다. 그래서 자력으로 해탈을 구하는 선한 사람도 해탈할 수 있으니 하물며 아미타부처님께 의지하는 악한 사람은 말할 것도 없다고 하신 것이다.

_ 친란(親鸞) 대사의 말씀이다.

열 번의
염불의 뜻

어떤 사람이 물었다.

"중생의 악업은 매우 오랫동안 산처럼 쌓여 왔다. 그런데 어떻게 열 번의 염불만으로 그 많은 악업을 없앨 수 있겠는가. 설령 백만 번 염불해도 죄업을 소멸하기에는 너무 적다고 할 것이다. 업장을 다 없애지 못하면 악업을 없애지 못할 것인데, 어떻게 정토에 왕생할 수 있겠는가."

나는 답한다.

"십념(十念)에는 세 가지 뜻이 있다.

첫째, 무거운 악업을 없앨 필요 없이 다만 목숨을 마칠 때에 정토에 태어난다 함은 무슨 말인가? 이 말은 만약 목숨을 마칠 때에 정념(正念)이 앞에 나타나기만 하면,

이 마음이 능히 무시이래로 지은 선업을 이끌고 서로 도와서 바로 왕생할 수 있다는 뜻이다.

둘째, 모든 부처님의 명호는 만덕(萬德)을 두루 갖추고 있어 능히 일념으로 염불하면 곧 일념 가운데 만덕을 모두 염(念)한 것이 된다. 그러므로 『유마경』에서 말한 것처럼, 이 세 구석의 뜻은 너무 심오해 삼천대천세계의 중생들이나 다문제일(多聞第一)인 아난과 같은 이들조차 무량한 세월 동안 사유(思惟)해도 받아들이지 못한다고 한 것이다.

셋째, 무시이래로 지은 악업은 망심(妄心)에서 생기고 염불의 공덕은 진심(眞心)에서 생긴다. 진심은 태양과 같고 망심은 암흑과 같다. 진심이 잠시 일어나면 망심은 즉시 사라진다. 태양이 비로소 떠오르면 깊은 어둠이 다 사라지는 것과 같다.

이와 같이 십념에는 이 세 가지 뜻이 있어 임종 시에 열 번 염불한 이도 반드시 왕생하는 것이다."

— 가재(迦才) 대사의 『정토론』 말씀이다.

십념(十念)의 염불로도
극락에 왕생한다

"십념(十念)의 염불로도 극락에 왕생한다." 하신 말씀을 듣고, 이를 분명하게 알지 못하면 의혹을 일으켜 이렇게 말한다.

"부처님께서 경전에서 말씀하신 바에 따르면 '선업과 악업의 길에서 죄와 복은 없어지지 않으므로 무거운 업에 먼저 이끌려 간다.'고 하셨다. 이치로는 몇 번이고 어긋나지 않는 말씀이다. 일생 동안 악업을 짓지 않을 수 없는데, 어찌하여 단지 십념만으로 능히 모든 죄를 소멸하고 문득 저 국토에 태어나 정정취(正定聚)에 들어가 영원히 삼악도를 멀리하고 다시는 물러남이 없다고 하는가."

또 이렇게 말한다.

"시작이 없는 때로부터 오면서 온갖 번뇌를 일으켜서 삼계에 묶여 갇혀 있고, 서로 얽혀 제약받고 있는데 어떻게 두 가지 번뇌를 끊지 않고 곧바로 십념만으로 삼계 밖을 벗어난다 하는가?"

『무량수경』의 말씀은 가히 자신의 얕은 식견으로 생각할 수 없다. 믿음을 일으킬 수 있도록 사물의 상황에 비유해 말하겠다. 천 년 동안 쌓아 그 높이가 백 리가 되는 섶이라도 불로 태우기를 콩알만큼만 허락하여도 그 섶은 하루면 남김없이 소진되어 버릴 것이다. 이때 '천 년 동안 쌓은 섶이 어떻게 하루에 다 소진될 수 있겠는가.'라고 말할 수 있는가?

또 비유해 말해 보자. 앉은뱅이가 자기 힘으로 열심히 걷는다면 많은 날이 지나서야 백 리에 이를 수 있을 것이다. 그러나 그 사람이 배에 의지한다면 바람을 받은 돛배의 힘으로 하루 사이라도 능히 천 리에 이를 수 있을 것이다. 이때 '앉은뱅이 몸으로 어떻게 하루에 천 리 길을 갈 수 있겠는가?'라고 말할 수 있는가.

세간의 뱃사공의 몸으로도 이와 같은 생각 밖의 일을 하는데, 하물며 여래이신 법왕(法王)의 힘으로 능히 부사의(不思議)한 일을 하실 수 없겠는가.

— 원효(元曉) 대사의 『무량수경종요』 말씀이다.

슬프고도
슬프다

중생은 많은 장애가 있기에 도업(道業)을 닦다가 그만두는 일이 허다하다. 그러나 오직 염불하는 자는 만 명 가운데 한 사람도 실패하지 않는다. 염불하는 사람들은 시방의 무량한 부처님과 일체 보살을 널리 뵙게 되고, 무수한 불보살이 둘레에서 옹호해 주신다. 만약에 현세에 공덕을 이루지 못하면 후세에 뵐 것이니 뜻에 따라 반드시 정토에 태어나 공양을 받을 것이다.

말법시대에 태어나 정토를 구하지 않고 무엇을 하려는가. 사람들은 흔히 정토법문에 의심과 비방하는 마음을 일으켜서, 정토를 구하여 그곳에 태어나고자 하는 사람들을 보면 비웃거나 말리려고 든다. 그러나 이것은 나와 남을 크게 잘못 인도하는 일이다. 슬프고도 슬프다.

__ 고려 말 운북무기 대사의 말씀이다.

아미타
명호란

아미타불이란 명호는 무량무변하고, 생각할 수 없고, 아주 비밀스럽고, 뛰어나고, 미묘한 위없는 공덕을 다 갖추고 있다. 왜 그러한가. 아미타불의 네 음절 속에는 시방삼세의 모든 부처님, 보살, 성문, 아라한과 모든 경전, 다라니신주, 무량행법(無量行法)이 다 들어 있기 때문이다. 이런 까닭에 아미타불의 명호는 위없이 진실하고, 지극한 대승법이고, 위없이 청정한 깨달음의 묘행(妙行)이며, 위없이 뛰어나고 미묘한 다라니이다.

게송으로 말한다.

> 아(阿) 자는 시방삼세의 모든 부처님,
> 미(彌) 자는 일체의 모든 보살님,
> 타(陀) 자는 팔만사천 모든 가르침,
> 아, 미, 타여! 이 석 자에 삼보를 다 갖추었네.

사리불아, 만약 중생이 아미타불의 불가사의한 공덕 설하심을 듣고 뛸 듯이 기뻐하면서 지극한 마음으로 아미타불을 부르고, 깊은 믿음으로 게으름 없이 닦는다면 지금의 몸으로 비할 데 없는 즐거움을 누리고, 빈천한 처지가 부귀한 것으로 바뀌리라. 나아가 숙세의 질병으로 인한 고통을 면하고, 짧은 목숨이 길어지고, 자손이 번영하고, 심신이 안락하며, 모든 일을 뜻대로 이루리라.

이와 같은 공덕과 과보는 헤아릴 수가 없다. 그러므로 나무아미타불 여섯 자는 부처의 왕이며, 법의 왕이며, 다라니의 왕이며, 공덕의 왕이니라. 아미타불 한 분만 부르면 곧 모든 부처, 모든 보살, 모든 다라니, 모든 수행문인 팔만사천법문을 다 지니는 것이다. 이와 같이 나무아미타불 여섯 자는 모든 묘법을 다 거두어 지녔으니, 임종할 때에는 서방정토에 왕생하고 현세에는 몸과 마음이 안락해질 것이다.

— 『불설아미타불근본비밀신주경』

가장 아름다운
임종의 도리

지귀자(知歸子)가 선도 화상에게 물었다.

"세상에 죽고 사는 일보다 더 큰 일은 없습니다. 한번 들이쉰 숨이 다시 오지 않으면 다음 생이 되어 버립니다. 이때 한 생각을 그르치면 앗차 윤회에 떨어지고 맙니다. 어릴 적부터 가르침을 받았기에 염불로 왕생하는 법을 조금 알게 되었습니다. 그러나 병들어 죽음에 이를 때 마음이 산란해질까 두렵습니다. 또 집안 사람들이 정념(正念)을 흔들어 염불하는 마음을 잃을까 걱정이 됩니다. 엎드려 바라오니, 다시 좋은 길을 일러 주시어 윤회에 빠지는 고통에서 벗어나게 해 주십시오."

선도 화상이 대답했다.

"훌륭합니다. 아주 중요한 것을 물었습니다. 임종을 맞아 정토에 가서 나고자 하면 미리 준비하지 않으면 안 됩니다. 그대는 임종을 맞을 때 죽음을 두려워하지 않고 살기를 탐하지 않아야 합니다. 그러고는 스스로 이렇게 생각하여야 합니다.

'나의 이 몸은 고통이 많고 깨끗하지 못하며 갖가지 악업으로 얽혀 있다. 이 더러운 몸을 버리고 곧 정토에 가서 나리라. 저곳에 가서 나서 한없는 즐거움을 얻고, 부처님을 뵙고 법을 들어 멀리 고통을 벗을 것이다. 이것은 헌 옷을 벗어 버리고 새로 지은 보배 옷으로 갈아입는 것과 같은 것이다.'

이렇게 몸과 마음을 송두리째 놓아 버리고 삶을 탐하거나 삶에 집착하지 말아야 합니다. 병환이 있으면 고통의 정도를 막론하고 무상함을 생각하며 일심으로 죽음을 기다려야 합니다.

가족과 병문안 오는 사람들에게 부탁하여 오직 염불만 하고, 한가하게 잡담하거나 집안의 크고 작은 일들을 말하지 않도록 해야 합니다. 또 위로하거나 축원하며 편히 오래 살라는 말을 하지 않게 해야 합니다. 이런 말들은 속절없어 재앙을 키우고 병을 악화시킬 뿐입니다.

임종이 매우 가까워졌을 때는 가족들에게 눈물을 흘리거나 울음을 터뜨리지 말라고 해야 합니다. 정신이 어지러워져 염불하는 마음을 잃게 할 수 있기 때문입니다. 오직 아미타불만을 생각하고 함께 큰 소리로 염불해 주도록 하십시오. 이윽고 숨이 끊어져도 한동안 함께 아미타불을 부르도록 하십시오.

혹 정토법문에 밝은 이가 있으면 자주 와서 염불을 더하고 경을 읽어 주기를 청하십시오. 이렇게 죽음을 맞이함이 가장 아름다운 임종의 도리가 될 것입니다. 이렇게 하면 그대는 결정코 왕생하게 될 것이니 이 일을 결코 의심하지 말아야 합니다. 분명하고 긴요하며 절실한 말을 내가 했으니 마땅히 믿고 그대로 행하도록 하십시오."

_ 『임종정념결』

죽음이
찾아오면

죽음이 찾아오면 아무도 그대를 따라갈 수 없다.

떼 지어 자는 새들이 아침이면 뿔뿔이 날아가듯이

그대 또한 죽음을 맞으면 그와 같이 가리라.

아내와 남편, 가족과 친구와 헤어져

오직 혼자 저세상으로 가리라.

끝까지 그대를 따라가는 것은

그대가 지은 선과 악뿐.

__ 도원(道元) 선사의 『정법안장』 말씀이다.

이 몸은
불꽃 같아서

이 몸은 불꽃과 같아서 갈애[愛]에서 생겨났고, 이 몸은 파초와 같아서 견고한 실체가 없고, 이 몸은 허깨비와 같아서 뒤바뀐 생각에서 생겨났다.

이 몸은 꿈과 같아서 허망한 견해로 된 것이고, 이 몸은 그림자와 같아서 선악의 인연을 따라 나타나고, 이 몸은 메아리와 같아서 여러 인연의 덩어리이다.

이 몸은 뜬구름과 같아서 문득 변해 사라지고, 이 몸은 번개와 같아서 생각 생각이 머물지 않고, 이 몸은 주인이 없으니 황량한 대지와 같다.

이 몸은 '나'가 없으니 타오르는 불과 같고, 이 몸은 목숨이 없으니 스쳐 가는 바람과 같고, 이 몸은 실답지 않으니 사대(四大)로 집을 삼는다.

이 몸은 공한 것이니 나와 나의 것이 없고, 이 몸은 지각함이 없으니 풀이요 나무요 기왓장이요 조약돌과 같고, 이 몸은 동작할 줄 모르니 바람의 힘으로 굴러간다.

이 몸은 깨끗하지 않으니 더러움으로 가득 차 있고, 이 몸은 거짓인 것이니 끝내는 없어지고, 이 몸은 근심 덩어리이니 백 가지 병으로 시달린다.

이 몸은 언덕 위의 우물과 같으니 마침내는 버려지고, 이 몸은 머무를 수 없어 반드시 죽게 된다.

_『유마경』

왕생하고자
한다면

정토에 가서 나려면, 세상이 무상해서 생겨나면 무너지고 태어나면 죽는다는 것을 늘 기억해야 한다. 그리고 이렇게 생각하고 이렇게 다짐해야 한다.

'부처님의 가르침을 만나지 못하면 삼계를 바퀴 삼아 사생(四生)의 몸으로 육도(六道)를 윤회하면서 해탈할 기약이 없다. 내가 이제 불법을 만나 바른 가르침을 듣게 되었으니 정토법문에 들어가 오직 아미타부처님만 염(念)하리라. 부모에게 받은 이 과보의 몸을 버리고 정토왕생을 발원하여 결정코 연화대에 오르리라. 그리하여 정토의 모든 기쁨을 누리고 생사윤회를 벗어나 깨달음에서 물러나지 않으리라.'

이것이야말로 대장부가 해야 할 평생의 일이다. 아플 때는 몸과 마음을 추슬러 여유와 안정감을 잃지 말아야 한다. 의심 없는 결정신심으로 서쪽을 향해 바르게 앉으라. 그리고 아미타부처님과 관세음보살과 대세지보살과 수많은 화신부처님들께서 앞에 계신다고 관상하며 아미타불을 염하라.

일심으로 아미타불을 칭념하여 소리 소리가 끊이지 않게 하라. 어떤 세상일에도 끄달리지 않고 온갖 미련을 다 놓아 버리면 진실한 정토행자라 이름할 만하다.

진실로 서방극락세계에 가서 나고자 한다면 오직 한 생각으로 아미타불의 명호를 붙들어 지녀라. 오직 이 한 생각이 우리의 근본 스승이요, 오직 이 한 생각이 바로 화신불이며, 오직 이 한 생각이 지옥을 부수는 사나운 장수요, 오직 이 한 생각이 사악한 무리를 베어 버리는 보배 칼이다. 오직 이 한 생각이 흑암(黑暗)을 밝히는 밝은 등이요, 오직 이 한 생각이 고해를 건너는 큰 배요, 오직 이 한 생각이 생사를 벗어나는 뛰어난 방편이요, 오직 이 한 생각이 삼계를 해탈하는 지름길이다.

— 우담(優曇) 대사의 『연종보감』 말씀이다.

염불공덕을 가볍게 여기거나
의심하지 말라

숙세에 지은 죄 무겁다 하여 십념의 염불공덕을 가볍게
여기거나 의심 말라. 만년의 어둠 속에 있던 방도 해가
비추는 순간 곧 밝아진다네.

모든 부처님들께서도 아미타불께 귀의하셨으니 아미
타불을 염하면 모든 부처님을 염하는 것이라네. 극락세
계에 가서 나면 모든 정토에 왕생하는 것이니, 경에 말
씀하셨네. "오직 한마음으로 아미타부처님을 염하라."
무엇이 삼세 모든 여래께서 세상에 나오신 뜻인가. 아
미타불의 불가사의한 본원(本願)을 전해 주시기 위해서
라네.

죄 가운데 가장 큰 죄는 의심하는 죄이고 공덕 가운데
가장 큰 공덕은 믿음이라네. 일이 있든 없든, 한가하든
분주하든 아미타불 넉 자를 마음과 몸에서 여의지 말

라. 악업이 무거운 죄는 앗차지옥에 떨어지기 쉽다네.
오직 부처님만이 건져 주실 수 있을 뿐 달리 다른 방법
은 없네.

__ 옛 어른의 말씀이다.

행주좌와
어느때 어느 곳에서나

아미타부처님께서는 '염불하는 중생을 극락으로 이끌어 왕생케 하겠노라.'고 서원을 세우셨다. 관세음보살은 정수리에 부처님을 받들고 계시고 대세지보살은 염불하는 중생을 다 거두어 주신다. 극락의 청정한 성중들은 모두 염불로 왕생하셨고 육방(六方) 모든 부처님들께서는 염불을 찬탄하신다. 조사들도 가르침을 펴서 염불을 권하셨다.

지름길로 가는 법문은 오직 염불에 있을 뿐이다. 그래서 역대 조사와 고금의 성현들이 하나같이 다 염불하였다. 내가 염불하는 것은 인연이 있어 염불법문을 만났기 때문이다. 염불은 마음을 염하는 것이고, 마음을 염하는 것은 부처님을 염하는 것이다. 입으로는 부처님을 부르고 마음으로는 늘 부처님을 생각한다. 눈으로는 늘 부처님을 보고 귀로는 늘 염불 소리를 듣고 마음으로는

늘 부처님을 생각하고 몸으로는 늘 부처님을 예경하고
향과 꽃과 등과 촛불로 부처님을 공양한다.

행주좌와(行住坐臥)의 어느 때 어느 곳에서나 부처님을 떠
나지 않는다. 괴롭든 즐겁든, 역경이든 순경이든 염불
을 잊지 않으니, 옷 입고 밥 먹는 그 어느 것 하나 부처
님 아닌 것이 없다. 보고 듣는 모든 것이 다 부처님이
다. 움직일 때도 부처이고 고요할 때도 부처이며, 바쁠
때도 부처이고 한가할 때도 부처이다. 선도 부처이고
악도 부처이며, 삶도 부처이고 죽음도 부처이다. 생각
생각이 부처이고 마음 마음이 부처다. 무상살귀(無常殺
鬼)가 닥쳐올 때도 염불하기에 딱 좋으니 숨이 끊어지면
결정코 부처님을 뵈리라.

_ 옛 어른의 말씀이다.

염불 일성이
십지를 뛰어넘고

정토종은 다른 모든 종파를 뛰어넘고 염불수행은 그 어떤 수행보다 뛰어나다. 아미타불의 사십팔원은 조건이 없다. 중생이 염불하면 반드시 서방정토에 왕생한다. 아미타불의 사십팔원은 자비롭고 조건이 없어서 염불수행자를 반드시 제도하신다.

아미타불의 광명은 시방세계를 두루 비추고 염불수행자를 빠짐없이 거두신다. 염불하면 광명이 현전(現前)하니 아미타불께서 두루 비춰 섭화하고 호념하신다. 세상에서 가장 큰 일은 오직 나고 죽음인데 아미타불을 안 부르면 누굴 부르겠는가.

생각 생각마다 임종하는 날로 여기고 마음 마음마다 극락왕생할 때를 준비하라. 정토에 왕생하면 성불하기 쉽지만 예토에서 수행하면 깨달음을 증득하기 어렵다. 삼아승지 동안 복덕과 지혜를 닦지 않아도 오직 아미타불만 부르면 생사를 벗어난다.

나무아미타불 염불 일성(一聲)이 십지(十地)를 뛰어넘고 나무아미타불 염불 일성(一聲)이 삼승을 포괄한다. 염불은 서서히 묵은 업을 소멸하고 정성을 다하면 범부가 저절로 성인이 된다. 아미타불을 항상 기억하여 잊지 않으면 모든 환병(幻病)이 스스로 사라진다. 재앙과 재난과 업장은 소멸되며 복덕과 지혜와 선근은 늘어나고 자라난다. 부사의한 명호인 나무아미타불을 부르면 정토에 가서 나서 생사고해를 벗는다.

_ 옛 어른의 말씀이다.

본원(本願)과 왕생은
한 몸이다

중생을 정토에 가서 나게 할 수 없다면 아미타부처님
은 정각(正覺)을 이룰 수 없다. 중생을 정토에 가서 나게
할 수 있어야 아미타부처님은 정각을 이룰 수 있다. 중
생이 만약 정토에 가서 날 수 없다면 아미타부처님께서
어떻게 정각을 이룰 수 있겠는가. 아미타부처님께서 이
미 정각을 이루셨다면 중생이 어찌 정토에 가서 날 수
없겠는가.

아미타불의 정각은 중생이 정토에 가서 날 수 있느냐에
따라 결정된다. 중생의 정토왕생은 아미타부처님께서
정각을 얻었느냐에 따라 결정된다. 아미타부처님의 정
각은 중생의 정토왕생을 위하여 이루어진다. 중생의 정
토왕생은 아미타부처님의 정각으로 말미암아 이루어진
다. 아미타부처님의 정각은 중생의 정토왕생의 공덕을
위해 이루어진다. 중생의 정토왕생은 아미타불의 정각

의 공덕에 의지하는 것이다.

아미타부처님은 이미 정각을 이루셨다. 중생이 아미타부처님께 귀의하면 반드시 정토에 왕생한다. 아미타부처님이 이미 정각을 이루셨더라도 중생이 귀명하지 않으면 정토에 가서 날 수 없다. "중생이 정토에 왕생하지 못하면 정각을 이루지 않겠노라."고 하신 말씀으로 보아 아미타불의 서원이 무한함을 알 수 있다.

중생의 왕생과 아미타불의 정각, 이 둘은 서로 의지하고 있는 한 몸이어서 떨어질 수가 없다. "만약 중생이 정토에 가서 나지 못하면 정각을 이루지 않겠다."고 발원하신 아미타불께서는 이미 정각을 이루셨다. 이것은 곧 우리의 왕생이 성취되었다는 것을 뜻한다. 이 도리를 믿고 일심으로 아미타불께 귀명하면 부처님과 한 몸이 되어 결정코 왕생한다.

_ 옛 어른의 말씀이다.

일곱 가지 재난을
없애고 싶거든

고덕(古德)께서 말씀하셨다.

"세상의 일곱 가지 재난을 없애고 싶거든 마땅히 아미타불을 염(念)하라. 염불의 공덕은 끝이 없다. 대를 이을 자식을 구하고, 수명을 늘리고, 질병이 낫고, 재난이 그치고, 공명을 얻고, 집안이 편안해지고, 직업을 구하고, 재산을 늘리고, 원한과 맺힌 것을 풀고, 부모를 천도하고 망자를 구제하려면 오직 염불로 할 일이지 다른 수행법을 섞을 필요가 없다.

염불은 간단하고 쉽고 원융하며 단박에 그 공을 이룬다. 염불은 방법이 가장 간단하고 효과는 가장 빠르며 공덕은 가장 크다. 염불은 착수하기 쉽고 공을 이루기 수월하며 노력이 적게 들면서 효과가 빠르다. 염불은 현세에서는 안락과 평온을 얻고 임종 시에는 정토에 왕생하며 단지 자기만 복을 받는 게 아니라 온 집안이 혜택을 받게 한다.

염불은 방편 가운데 방편이고, 곧바로 통하는 길 가운데 길이다. 또한 간단한 방법 가운데 가장 간단한 방법이고, 쉬운 수행 가운데 가장 쉬운 수행이다. 그래서 누구나가 수행할 수 있고 누구나가 증득할 수 있다.

염불하는 사람은 귀신이 해칠 수 없고, 지옥의 시왕(十王)도 감히 범접하지 못한다. 염불하는 사람은 광명이 몸 둘레의 사십 리를 비추니 마군(魔軍)이 침범하지 못한다. 염불하는 사람의 정수리에는 늘 아미타불께서 머물러 계신다. 그러면서 밤낮으로 지켜주시고 원한 있는 집안이 해악을 끼치지 못하게 하시니, 현세에는 항상 안온하고 임종 시에는 자연스럽게 정토에 왕생한다.

_ 옛 어른의 말씀이다.

정토행자의
행주좌와 수행

첫째, 행(行, 걸을 때)은 아미타부처님께 연꽃 공양을 올리러 간다고 관상한다.

이 수행은 아미타부처님께 연꽃 공양을 올리러 간다고 그리면서 지극한 마음으로 "나무아미타불 나무아미타불" 염불하는 수행법이다.

둘째, 주(住: 서 있을 때)는 아미타부처님께 기대어 서 있다고 관상한다.

이 수행은 아미타부처님께 기대어 서 있다고 그리면서 "나무아미타불 나무아미타불" 지극한 마음으로 염불하는 수행법이다.

셋째, 좌(坐, 앉아 있을 때)는 극락정토에 핀 연꽃 위에 앉아 있다고 관상한다.

이 수행은 극락정토에 핀 연꽃 위에 앉아 있다고 그리

면서 "나무아미타불 나무아미타불" 지극한 마음으로 염불하는 수행법이다.

넷째, 와(臥: 누워 있을 때)는 아미타부처님의 무릎을 베고 있다고 관상한다.

이 수행은 아미타부처님의 무릎을 베고 있다고 마음속으로 그리면서 "나무아미타불 나무아미타불" 지극한 마음으로 염불하는 수행법이다.

아미타신앙이
필요한 시대

지극한 마음으로 '나무아미타불'을 십념(十念)만 하게 되면 반드시 극락왕생하게 된다. 이것은 아미타부처님의 48대원 가운데 열여덟 번째 원의 내용이다. 이 원을 달리 왕본원(王本願) 혹은 원왕(願王)이라고도 한다. 법장비구는 수행자 시절 48가지 대원을 세우고, 무수한 세월을 거쳐 48대원을 모두 성취하여 아미타불이 되셨다. 곧 이 48가지 본원 가운데 가장 핵심이 되는 열여덟번째 원이 성취된 것이다. 그러므로 누구든 '나무아미타불'을 십념만 한다면 결정코 극락에 왕생하게 된다. 그런데 누구나 십념만 하면 극락에 왕생할까? 그렇지는 않다. 전제가 되는 두 가지 조건이 갖추어져야 한다.

첫째, 지극한 마음으로 아미타부처님의 발원을 믿고 좋아해야 한다. 둘째, 아미타부처님의 국토에 태어나고자 하는 발원이 있어야 한다. 이 두 가지 조건이 갖추어진 상태에서 십념을 하게 되면, 부처님의 본원력에 의해 염불자는 반드시 왕생하게 된다. 이것은 아미타부처님의 본원력이 성취되었기에 가능한 일이다. 이에 대해서 추호도 의심해서는 안 된다.

현대사회는 과학의 발달을 온몸으로 체험하는 시대이다. 과학적 사실이야말로 '진리'라고 추앙받고 있다. 과학은 우리의 삶을 보다 윤택하게 해 주고, 온갖 질병으로부터 보호하며, 과거에는 상상조차 하지 못하던 일을 현실 속에서 구현해 주고 있다. 그렇기에 우리는 과학에서 말하는 언명을 진리로 받아들이며, 과학과 다른 이야기를 하면 그것을 '미신' 혹은 '설화(說話)'로 쉽게 치부한다. 그래서 생긴 말이 '비과학' 혹은 '반과학'이다.

종교는 비과학일까, 반과학일까. 반과학은 과학적 사실 혹은 진리에 반하는 주장 혹은 신념을 의미한다. 비과학은 과학으로 증명되지 않거나 과학의 영역을 벗어난 것을 말한다. 그러면 종교는 비과학이라고 하는 것이 옳다. 비과학이란 말은 과학적 관점에서 참, 거짓을 구분하는 것이 불가능함을 의미한다. 그렇기에 비과학이란 말은 참일 가능성과 거짓일 가능성을 모두 가지는 상태라고 할 수 있다.

한편 과학은 우리가 알고 경험하는 물질세계를 탐구 대상으로 한다. 이에 반해 종교는 물질세계를 기반으로 하지만 비물질세계에 방점을 둔다. 과학이 다루지 않는 혹은 다루지 못하는 영역을 다루는 것이다. 말하자면 마음이라든가 죽음 이후의 세계와 같은 문제를 다룬다. 불교는 특히 마음의 문제를 중심으로 이 세계를 탐구한다. 그래서 부처님은 "모든 것은 마음을 선두로 하며, 마음이 가장 뛰어나고, 마음에 의해 이루어진 것이다."(Dhp. 1)라고 말씀하신다.

이 세상에 존재하는 모든 것은 마음이 만든 것이니, 이 마음이 어떻게 작동하는지, 이 마음이 무엇인지를 아는 것이 무엇보다 중요하다. 인간이 물질 간 상호작용의 원리를 탐구하여 우주를 지배하는 근본원리를 밝힌 것을 우리는 물리법칙이라고 한다. 그 근본원리를 밝히고 아는 것이 바로 '마음'이다. 물질만이 존재하는 세상은 존재한다고 말할 수조차 없다. 마음이 있어야 비로소 존재하게 되는 것이다. 그래서 부처님께서 마음이 가장 뛰어나고 마음이 모든 것을 만든 것이라고 하신 것이다.

이러한 이유로 물리법칙을 아는 것은 세상의 반을 아는 것이지만, 마음을 아는 것은 세상의 모든 것을 아는 것이 된다. 아무리 과학이 발달하고 학문이 발전하더라도 결국 이 육척단신의 '마음'을 아는 것만이 궁극적 앎이 된다.

자본주의가 세상을 지배하여 '돈'이 세상의 주인이 된 어처구니없는 세상, 온갖 이데올로기로 정신이 혼란해져 선악을 구별하지 못하는 세상, 이렇게 뒤집힌 세상을 극복하여 부처님 나라를 구현할 수 있는 것은 바로 이 마음이 그러한 세상을 만든 것이기 때문이다. 이 마음을 부처님께 되돌려 안심(安心)을 얻게 되면, 바로 그 자리가 부처님 나라가 되는 것이다.

부처님에 대한 올바른 믿음을 확립하는 것은 수행 중의 수행이며, 이 세상과 저 세상에 의지할 단 하나의 원리가 된다. 그래서 "무엇이 저 세상에 갈 노잣돈입니까?"라는 천신의 질문에 우리의 본사 고따마 부처님께서

"믿음이 노잣돈이네"(SN.I, p.44)라고 답하신 것이다.

부처님 말씀처럼 오늘날 우리가 아미타부처님에 대한 올곧은 믿음을 성취한다면 이 험난한 세상, 불확실한 세상에서 평안과 행복을 얻을 것이며, 죽은 뒤에는 극락왕생을 이루게 된다. 믿음이 성취되면[信] 선(善)하고자 노력하여 선을 성취하며[勤], 늘 깨어 있는 마음으로 부처님을 향하게 되며[念], 마음은 한결같이 부처님과 함께하며[定], 지혜가 밝아져 부처님을 만나게 된다[慧]. 이렇듯 믿음을 성취할 때 오근(五根)과 오력(五力)의 수행이 완성된다.

아미타부처님의 본원력은 부처님의 한량없고 흔적 없는 마음이 성취된 결과이다. 부처님의 본원력을 믿고 그것에 의지하여 왕생의 염(念)을 세우게 되면, 지금 여기에서는 직접 온몸으로 경험할 수 있는 행복을 얻을 것이며, 죽어서는 극락에 왕생하게 될 것이니 이보다 더 큰 이익이 어디 있을까. 생각 생각마다 오로지 '나무아미타불' 하는 것, 이보다 더 쉬운 수행이 어디 있으며 이를 통해 얻는 수행의 결실보다 더 큰 결실이 또 어디 있을까.

[부록]

염불(念佛)의 연원

조준호 (동국대학교 불교학술원 교수)

부록

I. 들어가는 말

한국불교는 대승불교에 속한다. 대승불교에서는 아미타불에 대한 염불이 전반적으로 나타난다. 아미타불을 설하는 경론은 대략 270여 부로서 대승경전의 약 3분의 1에 상당할 정도로 대승불교의 중심에 있다. 이 가운데에서도 아미타불의 염불이 설해진 『대무량수경(大無量壽經)』, 『관무량수경(觀無量壽經)』, 『아미타경(阿彌陀經)』의 『정토삼부경』은 특히 유명하다. 불교사에 있어 아미타불의 염불 사상은 수많은 경론에 나타난다. 중관과 유식의 대표적 논사인 용수나 세친 등은 아미타불의 염불 사상을 여러 논서에서 중점적으로 다루고 있다. 또한 아미타불의 신앙은 역사적으로도 인도를 위시하여 티베트, 중국, 한국, 일본 등에 이르기까지 매우 널리 전해져 신앙되어 왔다. 동아시아불교에서 『관무량수경』의 "시심작불 시심시불(是心作佛 是心是佛)"의 경구는 중국선종의 중심 원리가 되었다. 이는 또 다른 아미타불의 염불을 설하는 경전인 『반주삼매경』에서 "마음이 부처를 짓고, 마음이 스스로를 보며, 마음이 부처의 마음이고, 부처의 마음이 나의 몸이다[心作佛 心自見 心是佛心 佛心是我身]."라는 경구와도 일치한다. 현대학자들은 아미타불의 신앙이 대승불교운동을 활발하게 전개시켜 왔다고도 주장한다. 아미타불의 염불을 설하는 경전이 대승경전 가운데에서도 최고(最古)의 경전이기에 아미타불의 염불 신행을 대승불교의 신앙 활동을 견인한 하나의 내적 요인으로도 본다. 아미타불의 염불을 설하는 경전은 부처님의 무한 광명과 극락정토의 장엄 그리고 극락왕생의 수행법이 동시에 설해지고 있다. 아미타불(Amitābha-Buddha)은 한량없는 광명의 부처님으로 한역은 무량광불(無量光佛)로 직역되었다. 아미타불은 마찬가지로 한량없는 생명의 부처님이라는 무량수불(無量壽佛: Amitāyus Buddha)의 이름도 있다. 또한 현재 발견된 아미타불의 경전은 산스크리트 원어 제목으로 'sukhāv atīvyūha'라는 말이 사용된 것을 알게 되었다. 즉 sukhā는 행복을 그리고 vyūha는 꾸미고 장식한다는 말을 의미한다. 또한 sukhā는 불교의 이고득락(離苦得樂)이나 열반락(涅槃樂)에서 낙(樂)의 원어이기도 하다. 낙(樂)은 행복을 의미하는 말로서 경명에서부터 '행복의 장엄'을 뜻한다. 이는 아미타불의 염불이 바로 궁극적인 행복을 목표로 하고 있음을 알게 해 준다. 이러한 대승불교경전의 아미타불 신앙과 염불 사상의 연원은 초기불교에 바탕하고 있다. 아미타불의 염불 사상과 수행은 이미 대승 이전의 근본불교에 바탕해 있다는 것이다. 하지만 여기에서는 아미타불의 염불 사상과 수행을 논의하려는 것이 아니다. 본고에서는 '염불의 연원'이라는 제목으로 대승불교에서 아미타불의 염불 사상에 이르기까지 초기불교 또는 근본불교적 연원이 어떻게 되는지를 체계적으로 정리해 보는 것을 목적으로 한다.

Ⅱ. 초기불교의 염불 신앙

1. 염불의 의미

염불(念佛)의 원어는 Buddha-anussati(sk. Buddha-anusmṛti)이다. anussati는 한역으로 염(念) 또는 수념(隨念)으로 옮겨졌다. 이 말은 초기불교에서 대승불교에 이르기까지 매우 중요한 불교 수행의 핵심 용어로 사용되었다. 한역에서 sati와 anussati는 구분 없이 염(念)으로 옮겨졌으나 한역에 따라서는 anussati를 수념(隨念)으로 옮긴 경우를 찾아볼 수 있다. 그렇다면 먼저 초기경전에서 염불의 원어인 anussati가 어떠한 의미와 용례로 사용되고 있는지를 살펴볼 필요가 있다.

초기불교경전에서 anussati는 주로 부처님의 아홉 가지 또는 열 가지 덕성(德性)을 염불하는 수행에 많이 쓰인다. 더 포괄적으로 anussati는 anussatiṭṭhāna라는 말을 통해서 더 잘 알 수 있다.[1] anussatiṭṭhāna는 anussati와 ṭhāna의 복합어인데 40업처

---

1 Aṅguttara Nikāya Ⅲ, pp. 322-325 ; Dīgha Nikāya Ⅲ, pp. 250, 280 ; Aṅguttara Nikāya Ⅲ, pp. 284, 312-317.

(業處: Kammaṭṭhāna)의 수행의 용어로 사용된다.[2] anussatiṭṭhāna는 'anussati가 이루어지는 처(處)나 장(場)'이란 말로 풀 수 있다. 경전은 여섯 처와 장이 설명되는데 여섯의 마지막은 행주좌와(行住坐臥)처럼 일거수일투족과 같은 일련의 행위를 염(念: sati)하는 장이다. 즉 염불의 염(念)으로 옮겨진 anussati는 앞뒤가 계속 이어져서 앞뒤가 끊어지지 않도록 지속시키는 마음 작용을 말한다. 이 때문에 수념(隨念)으로 옮긴 것이다. 어떤 대상을 마음으로 부단히 염념상속(念念相續)할 수 있는 수행을 말한다. 이 때문에 염불은 부처님을 떠올리고 기억하며 생각하는 마음이 계속 이어지도록 하는 수행을 말한다. 이를 후에는 일심염불(一心念佛)이라 표현하기도 하였다. 염불은 부처님의 명호와 부처님의 광명과 부처님의 상호 그리고 부처님의 덕성을 마음속에 간직하여 생각이 생각에 이어지도록 하는 수행을 말한다. 이를 신구의(身口意)의 삼행(三行)을 통해 차제적으로 또는 함께 수행하기도 하였다. 염불이 사종염불(四種念佛), 즉 칭명염불(稱名念佛), 관상염불(觀像念佛), 관상염불(觀想念佛) 그리고 실상염불(實相念佛)로 구분되는 이유이다. 염불은 구행(口行)인 입으로 시작하는 칭명염불

---

2 40업처는 『청정도론(淸淨道論: Visuddhimagga)』에서 설명되는 40가지 수행 주제인데 초기불교경전에 나오는 다양한 수행 주제를 체계적으로 모아 놓은 것이다. 그 가운데 염불(念佛)은 열 가지 수념(隨念, Anussati) 가운데 첫 번째에 해당한다. 40업처의 구체적인 항목은 본서 389쪽 〈참고〉를 참고.

에서 의행(意行)인 마음으로 모든 법의 진실한 성품 그 자체를 염불하는 실상염불로 이르는 것이다. 다시 정리하면, 염불 수행이란 부처님을 생각하는 것이다. 그러나 생각은 단순한 생각이 아니다. 부처님의 이름과 부처님의 모습과 부처님의 마음을 내 몸과 마음으로 간직하고 기억하며, 떠올리고 새기며, 느끼고 행하는 것이다. 기본적으로 부처님을 존경하는 마음을 깊이 간직하고 잊지 않으며 떠올리는 것이다. 그리하여 지혜와 자비를 구족하고 원만한 상호와 갖가지 공덕을 지닌 부처님과 하나 되는 공부법이다. 불교의 모든 실천 수행은 크게 세 가지 범주로 구분하여 설명한다. 이 가운데 염불은 계정혜 삼학(三學) 가운데 정학(定學)에 속한 것으로 설해진다. 아주 전문적인 수행의 범위이다. 그래서 초기경전에서 삼학 가운데 정학의 동의어로 심학(心學) 또는 증상심학(增上心學)이라 달리 불리기도 한다.[3] 염불은 부처님을 생각하여 내 마음이 부처님처럼 바뀌게 되어 결국에는 성불에 이르는 수행법이다. 이 때문에 초기경전에서부터 염불은 증상심학(增上心學: adhicitta)의 수행법으로 설해진다. 증상심학은 훌륭하고 뛰어난 성품으로 질적인 전환을 할 수 있는 공부법을 말한다. 염불이 모든 경전에서 열반과 성불에 이르는 수행법

---

3 대표적으로 Digha Nikāya의 첫 품의 대부분의 경전에 나타난다.

임을 분명히 보여 준다. 염불은 염불삼매나 반주삼매 그리고 관불삼매 등의 수행으로 매우 강조된다.

2. 염불 수행의 목적

초기경전에서 염불은 여섯 가지 또는 열 가지 가운데 첫 번째인데 그 목적은 다음과 같이 설해진다.

> 비구들이여, 일법(一法: ekadhamma)이 있다. 이를 많
> 이 닦아 익히면 염리(厭離: nibbidā), 이욕(離欲: virāga),
> 지멸(止滅: nirodhā), 평정(平靜: upasama), 신통지(神通知:
> abhiññā), 정등각(正等覺), 열반(涅槃)을 얻게 한다. 일법
> 은 어떠한 것인가? 그것은 부처를 염(念)하는 염불
> 이다.[4]

이처럼 염불은 일법으로 염리, 이욕, 지멸, 평정, 신통지, 깨달음, 열반을 성취할 수 있다고 천명한다. 이러한 용어들은 모

---

4 Aṅguttara Nikāya vol. I, p.30 : "Ekadhammo bhikkhave bhāvito bahulīkatoekan tanibbidāya virāgāya nirodhāya upasamāya abhiññāya sambodhāya nibbāṇāya saṃvattati. Katamo ekadhammo: buddhānussati."

두 불교의 궁극적인 목적을 나타내는 동의어이다. 이에 상응하는 증일아함의 「십념품(十念品)」에는 "마땅히 한 법을 닦아 행하고 한 법을 널리 펴면, 곧 신통을 이루고 온갖 어지러운 생각을 버리며, 사문과(沙門果)를 체득하고 스스로 열반을 이룰 것이다. 어떤 것을 한 법이라고 하는가? 이른바 염불이 그것이다."라는 상응 경구를 찾아볼 수 있다.[5] 염불 수행은 불교의 궁극적 목표인 열반을 이룰 것이라고 한다. 이러한 경문은 염불의 목적을 압축적으로 잘 보여 주고 있다. 마찬가지로 염불의 위상 그리고 수행의 결과를 보여 주는 것으로 이해할 수 있다.

초기경전의 염불 사상과 위상과 목적은 잡아함의 『이경(離經)』에서도 잘 나타나 있다. 여기서 염불을 포함한 다른 육념법(六念法)은 "괴로운 곳에서 나와 훌륭한 곳에 오르게 하고, 일승(一乘)의 도를 설하시어 모든 중생을 깨끗하게 하며, 모든 번뇌와 괴로움을 여의며, 근심과 슬픔을 다 없애 진여법(眞如法)을 얻게 하기 위한 것"으로 염불의 목적을 천명한다.[6] 초기경전에서 이같은 염불에 관한 부처님의 설법은 염불이 불교의 출발에서부

---

5 『大正藏』2, 552c : "當修行一法. 當廣布一法. 便成神通. 去衆亂想. 逮沙門果. 自致涅槃. 云何爲一法. 所謂念佛."

6 『雜阿含經』卷20(『大正藏』2, 143b-c), "說於法出苦 處昇於勝處. 說一乘道淨諸衆生. 離諸惱苦. 憂悲悉滅. 得眞如法."

터 어떤 위치에 있는지를 잘 보여 준다. 다시 이 경전에서 염불의 내용으로 여래십호가 나열되는데 다음과 같다.

거룩한 제자는 여래, 응공께서 행하신 법을 염(念)하기 때문에, 탐욕의 감정[貪欲覺], 성내는 감정[瞋恚覺], 해치려는 감정[害覺]을 여의나니, 이러한 거룩한 제자는 물들어 집착하는 마음[染着心]에서 벗어나게 됩니다. 어떤 것을 물들어 집착하는 마음이라 하는가? 이른바 다섯 가지 욕망을 말합니다. 이 다섯 가지 욕망에 대한 탐욕, 성냄, 어리석음을 여의어, 정념정지(正念正智)에 편안히 머물고 올곧은 길에 오르며, 염불(念佛)을 닦아 익히면 바로 열반으로 향할 것입니다. 이것을 여래, 응공, 등정각께서 알고 보신 것으로 괴로운 곳에서 나와 훌륭한 곳에 오르게 하고, 일승(一乘)의 도를 설하시어 모든 중생을 깨끗하게 하며, 괴로움과 번뇌를 여의고, 근심과 슬픔을 다 없애 참다운 법을 얻게 하기 위해 첫 번째로 설하신 것이라 합니다.[7]

---

7 『雜阿含經』卷20(『大正藏』2, 143b-c), "謂五欲功德. 於此五欲功德離貪 · 恚 · 癡. 安住正

이처럼 염법(念法) 수행은 탐욕의 성냄, 해치려는 마음 등을 떠나고 염착심에서 벗어나게 한다. 더 나아가 염법은 다섯 가지 욕망을 벗어나 탐진치를 여의고 정념정지에 안주하여 열반에 도달하는 바른 방향의 똑바른 길에 있음을 설하고 있다. 결국 염불의 목적은 바로 불교의 궁극적 목적인 열반임을 설하고 있는 것으로 또한 염불의 위상을 알 수 있다.

나아가 다른 부파 소속의 별역잡아함에서도 염불은 삼독심에 사로잡히지 않게 하여 "마음이 항상 평등하여 법의 흐르는 물에 머물러 선정의 마음[定心]에 들어가며 염불하는 마음을 닦아서 열반에 나아가나니, 이것을 염불이라 말한다."라고 하여 염불을 정의하고 있다.[8] 이처럼 염불은 수행의 중심에 있음을 분명히 명시함으로써 염불의 목적이 열반성취임을 밝힌다.

같은 잡아함의 또 다른 경에서도 비슷한 가르침을 찾아볼 수 있다. 비구가 아직 열반을 성취하지 못해 더 닦아야 하는 단계에서 완전한 열반을 성취하려면 염불을 포함한 육념법(六念法)을 닦아야 한다고 설한다. 여기서도 염불의 목적은 열반임을 강조하고 있다.

念正智 . 乘於直道. 修習念佛. 正向涅槃."

8 『別譯雜阿含經』卷8(『大正藏』2, 432c), "心常平等. 住法流水. 入於定心. 修念佛心. 趣向涅槃 . 是名念佛."

만일 비구로서 배우는 자리에 있으면서 아직 얻지 못한 것이 있어서 위로 향해 올라가도록 도를 향해 매진해 안온한 열반을 구하려고 한다면, 그는 그때에 마땅히 육념(六念)을 닦아야 … 중략 … 더욱 매진하여 열반을 얻게 될 것이다. 비유하면 굶주린 사람의 몸이 여위었을 때 맛있는 음식을 먹으면 그의 몸이 살찌고 윤택해지는 것처럼, 비구가 배우는 자리에 머물러 있으면서, 아직 얻지 못한 것이 있어서 위로 향해 올라가도록 도를 향해 매진해 안온한 열반을 구하려고 한다면, 육념을 닦아야 안온한 열반을 빨리 얻게 될 것이다.

어떤 것이 그 여섯 가지인가? 이른바 거룩한 제자는 여래십호를 염불할 때 탐욕의 번뇌가 일어나지 않고 성냄과 어리석은 마음이 일어나지 않는다. 그래서 그 마음이 정직해지므로 여래의 뜻을 알고 여래의 바른 법을 얻게 되며, 여래의 바른 법과 여래께서 증득하신 것에 대하여 기뻐하는 마음이 생긴다. 그렇게 기뻐하는 마음이 생긴 뒤에는 흐뭇해지고, 흐뭇해지고 나면 몸이 의지하여 쉬게 된다. 몸이 의지하여 쉬고 나면 감각이 즐거워지고, 감각이

즐거워지고 나면 마음이 고요해진다. 마음이 고요
해지고 나면 그 거룩한 제자는 흉하고 험악한 중생
들 속에서 모든 장애가 없이 법의 흐름에 들어가 마
침내는 열반에 들게 되느니라.[9]

이처럼 염불은 여래십호를 염(念)하는 수행의 내용으로 제시
하기도 한다. 여래십호는 "세존(世尊)은 아라한(阿羅漢)이시며, 완
전한 깨달음을 이루신 분[正遍知]이시며, 지혜와 덕행을 잘 갖추
신 분[明行足]이시며, 잘 가신 분[善逝]이시며, 세상을 아는 분[世間
解]이시며, 위없는 분[無上士]이시며, 인간을 잘 이끄시는 분[調御丈
夫]이시며, 신들과 인간들의 스승[天人師]이시며, 이 세상의 사람
들에게 공경 받는 붓다[佛世尊]이다."라는 정형구이다. 이러한 여
래십호의 염불은 탐진치 삼독과 같은 번뇌가 일어나지 않고 마
음이 정직(正直)해져 여래의 뜻[如來義]을 알고 여래의 정법을 얻

---

9 『雜阿含經』卷22(『大正藏』2, 237c), "若比丘在於學地. 求所未得. 上昇進道. 安隱涅槃.
世尊. 彼當云何修習. 多修習住. 於此法‧律得諸漏盡. 無漏心解脫‧慧解脫. 現法自知作
證. 我生已盡. 梵行已立. 所作已作. 自知不受後. 佛告摩訶男. 若比丘在於學地. 求所未
得. 上昇進道. 安隱涅槃. 彼於爾時. 當修六念. 乃至進得涅槃. 譬如飢人. 身體羸瘦. 得美
味食. 身體肥澤. 如是. 比丘住在學地. 求所未得. 上昇進道. 安隱涅槃. 修六隨念. 何等六
念. 謂聖弟子念如來事. 如來‧應‧等正覺‧明行足‧善逝‧世間解‧無上士‧調御丈夫‧
天人師‧佛‧世尊. 聖弟子如是念時. 不起貪欲纏. 不起瞋恚‧愚癡心. 其心正直. 得如來
義. 得如來正法. 於如來正法‧於如來所得隨喜心. 隨喜心已. 歡悅. 歡悅已. 身猗息. 身猗
息已. 覺受樂. 覺受樂已. 其心定. 心定已. 彼聖弟子於兇嶮衆生中. 無諸罣閡. 入法流水.
乃至涅槃."

어 기쁜 마음[喜心]이 일어나고, 기쁨 마음은 환열(歡悅)의 마음을, 환열의 마음은 몸의 편안함[身猗息]을, 몸의 편안함은 느낌에 있어 즐거움[樂]을 일으키고, 마음에 삼매가 일어나 결국 법의 흐름에 들어 열반을 성취한다고 한다. 이 경전의 내용에 상응하는 빠알리 경전과 함께 많은 초기경전은 11가지 점차(漸次) 단계로 열반에 이르는 과정을 설하고 있다. 즉, ① saddhā(信) → ② pāmujja(歡悅) → ③ pīti(喜) → ④ passaddhi(輕安) → ⑤ sukha(樂) → ⑥ samādhi(三昧) → ⑦ yathābhūtañāṇadassana(如實知見) → ⑧ nibbidā(厭離) → ⑨ virāga(離貪) → ⑩ vimutti(解脫) → ⑪ khayañāṇa(滅盡智)와 같은 단계이다.[10] 이러한 경전을 통해 염불 수행을 하여 어떻게 불교의 궁극적 경지인 열반을 성취할 수 있는지를 알게 해 준다. 염불 수행은 몸의 편안함과 느낌의 즐거움과 삼매의 마음으로 전개된다. 즉 초기불교의 염불은 바로 불교의 중심 수행과 연결되어 있음을 보여 준다. 여기서 빠알리 경전은, 염불 등의 육념법 수행은 '과위를 증득(āgataphalo)'하고 '가르침을 안 자(viññātasāsano)'가 많이 머물러야 하는 수행으로 제시된다.[11]

---

10 Saṁyutta Nikāya Ⅱ, p. 29 ; Aṅguttara Nikāya Ⅴ, pp. 1-2; Aṅguttara Nikāya Ⅲ, p. 285.

11 Aṅguttara Nikāya Ⅲ, p. 285.

여기까지에서 초기경전에 나타나는 염불은 여래십호에 의거한 붓다의 모든 덕성, 특질, 특성을 염함으로써 자비심을 발현시킴을 보여 준다. 경문에서 염불로 탐진치 가운데 진심에 사로잡히지 않는다는 것은 바로 그 뜻이다. 많은 경전에서 자비심이 발현하지 않거나 부족한 것은 진심의 정도로 이야기하는 맥락이 그것이다. 그렇기 때문에 염불은 그 자체로 자비심을 발현시키는 내재적인 행법으로 말할 수 있다. 여래십호를 통해 붓다의 모든 덕성, 특질, 특성을 늘 항상 염하기 때문에 저절로 전인적 감수성인 자비가 발현된다. 설령 진실한 붓다의 모습이 아니라 자신의 마음이 만든 가장 이상적인 붓다와 그의 덕성을 '생각하고' '떠올려 느끼고' '사유하며 되새기더라도', 여기에는 무한한 공덕이 있다는 것이다. 그러는 과정에서 점차 붓다와 같은 진리체로 스스로 질적 전환을 하게 된다. 이것이 의미하는 바는 염불은 계학과 정학 그리고 혜학 모두를 행하는 순간부터 충족시킨다는 것이다. 달리 말하면, 염불로 올곧게 된다는 표현에서처럼 도덕적 참됨이 확립[계학]되고 기쁨과 행복감은 정서적인 안정[정학] 그리고 정지(正知)는 혜학의 구족을 의미한다. 수행자의 성품을 지정의(知情意)의 조화와 균형으로 이끌어 주는 효과가 있다.

3. 염불 수행의 내용

초기불교경전인 증일아함의 「구중생거품」에서 병고로 누워 있는 한 비구가 밤낮으로 부처님 명호를 부르는 '주야칭불명호(晝夜稱佛名號)'라는 말이 나오기도 한다.[12] 또한 Sutta Nipāta의 Pāra yana-Vagga(彼岸道品)에 나타나는 염불 사상이 유명하다. Sutta Nipāta 경전은 초기경전 가운데에서도 가장 이른 경전군의 집합이라 하지만 그중에서도 제4장과 제5장은 여러 가지 이유에서 가장 오래된 층으로 증명된다. 사용되는 언어와 내용은 물론 이 품은 다른 초기경전에서도 인용될 정도로 고층에 해당한다. 더 놀라운 것은 이 최고층이라는 Pārayana-Vagga(彼岸道品)에 나타난 다음과 같은 염불 사상이다.[13] 여기서 누군가 삥기야라는 비구에게 시간을 초월한 진리를 설한 부처님을, 번뇌를 떠나는 법을 설해 준 부처님을 "잠시라도 떨어져 살 수 있겠는가?"라고 묻자, 그는 "한시라도 떨어져 살 수가 없다."라고 하며 다음과 같이 답한다.

나는 게으르지 않고 밤낮으로 마음의 눈을 가지고

---

12 『大正藏』2, 776b.
13 Sutta Nipāta 1138 - 1144 게송.

그분을 보고 있습니다. 그분이 있는 방향에 예배
하면서 밤을 보냅니다. 그러므로 나는 그분을 떠나
살고 있는 것이 아니라고 생각합니다.[14]

내 신앙(saddhā)과 기쁨(piti)과 마음(mano)과 염(念: sati)
은 고오타마의 가르침에서 떠나지 않습니다. 지혜
많으신 분이 어느 쪽으로 가시거나 나는 그곳을 향
해 예배합니다.[15]

이 대목은 초기불교경전에서 염불에 대한 위치와 수준 그리
고 중요성을 보여 주는 경전으로 유명하다. 부처님의 연로한 제
자인 삥기야는 늙고 기력이 없어 몸은 스승과 함께하지 못하지
만 마음은 스승과 항상 맺어져 있다고 고백하고 있다. 이러한
초기불교의 염불 사상은 대승불교의 일행삼매(一行三昧)의 염불
을 설하는 『문수설반야경』을 보는 것 같다. 마음의 눈인 심안(心
眼)으로 언제 어디서나 항상 부처님을 신앙(saddhā)과 기쁨(piti)과
마음(mano)과 염(念: sati) 그리고 사유(saṅkappa)로 함께한다는 것이

---

14 Sutta Nipāta 1142 게송, "Passāmi naṃ manasā cakkhunā ca / Rattiṃ divaṃ
brāhmaṇa appamatto / Namassamāno vivasemi1 - rattiṃ / Teneva maññāmi
avippavāsaṃ."

15 Sutta Nipāta 1143 게송, "Saddhā ca piti ca mano sati ca / Nāpenti megotam
asāsanambhā / Yaṃ yaṃ disaṃ vajati bhuripañño / Sa tena teneva nato hama smi."

다. 여기서 염불은 먼저 믿음의 신앙이 바탕되어 있음을 또한 잘 보여 준다. 이 때문에 초기경전에서부터 염불은 '무너지지 않는 깨끗한 믿음의 성취[不壞淨]' 후에 수행되는 것으로 나온다. 즉 불불괴정(佛不壞淨)을 먼저 닦고[修] 성취한 다음에 염불의 수행이 제시된다.[16] 또한 염불은 신(信), 정진(精進), 염(念), 삼매(三昧) 그리고 반야지혜(般若知慧)와 같은 오근(五根)과 오력(五力)을 닦은 후에 계속해서 더 닦아야 하는 법으로 나타나기도 한다.[17] 오근과 오력은 각각 신근과 신력이 맨 앞에 위치해 있는데 이를 통해 염불 수행의 위치를 가늠해 볼 수 있을 것이다. 초기경전에서 염불 수행의 내용과 차제(次第)를 잘 보여 주는 경전이 있다.[18] 즉 "다섯 가지 욕망에 대한 탐진치를 여의고 정념정지(正念正智)에 편안히 머물고 올곧은 길에 오르며, 염불(念佛)을 닦아 익히면 바로 열반으로 향할 것"이라 한다. 경은 구체적으로 염불을 설명하기 위해 탐진치의 번뇌와 오욕 그리고 정념정지를 거론한다. 여기서 오욕은 오욕락(五欲樂)의 다른 표현이다. 초기경전에서 이러한 수준의 표현은 주로 사념처의 위빠사나 수행이나 팔

---

16 『大正藏』 2, 145b.

17 Aṅguttara Nikāya V, p. 329 ; Aṅguttara Nikāya III, p. 285도 참고.

18 『大正藏』 2, 143b-c ; Aṅguttara Nikāya I, p. 30에서도 염불이 열반을 위한 법으로 나타난다.

정도를 설명할 때 찾아볼 수 있는 것으로 염불은 선정과 위빠사나 수행과 통하고 있음을 보여 준다.[19] 그렇기에 염불은 선정의 마음[定心: samādhi-citta]에 들어가 수행하는 것으로 나타나기도 한다.[20] 계속해서 이러한 염불을 닦으면 탐욕의 성냄, 해치려는 마음 등을 떠나고 염착심에서 벗어난다고 한다. 궁극적으로는 다섯 가지 욕망을 벗어나 탐진치를 여의고 정념정지에 안주하여 열반에 도달하는 바른 방향의 똑바른 길에 있다고 한다.

　　재가자인 마하나마에게 설한 염불의 내용과 이러한 수행을 통해 차례로 전개되는 수행 단계를 보여 주는 한 경전을 제시하면 다음과 같다.

　　　마하나마여, 그대는 다음과 같이 여래를 염불해야
　　　만 한다. '세존(世尊)은 아라한(阿羅漢)이시며, 완전한
　　　깨달음을 성취하신 분이시며[正等覺/正遍知], 지혜와
　　　덕행을 잘 갖추신 분이시며[明行足], 피안으로 잘 가
　　　신 분이시며[善逝], 세상을 잘 아시는 분이시며[世間

19　Dīgha Nikāya II, pp. 290, 315 ; Majjhima Nikāya I , pp. 74, 76 ; 『大正藏』1, 582b,
　　『大正藏』2, 139a, 171a 등.
20　『大正藏』2, 432c : "心常平等. 住法流水. 入於定心. 修念佛心. 趣向涅槃. 是名念佛."

解], 위없는 분이시며[無上士], 하늘과 인간을 잘 이끄시는 분이시며[調御丈夫], 하늘과 인간들의 스승이시며[天人師], 깨달으신 부처[佛]로 세존(世尊)이시다.'라고. 마하나마여, 이처럼 성스러운 제자가 여래를 염불할 때 그의 마음은 탐욕에 얽매이지 않고, 성냄에 얽매이지 않고, 어리석음에 얽매이지 않는다. 그렇게 될 때 마음은 여래에게 확고하게 고정되고 그의 마음은 정직해진다. 마하나마여, 이렇게 여래를 발단으로 마음이 정직해진 성스러운 제자는 의미의 밝아짐[의명(義明: atthaveda)]과 법의 밝아짐[법명(法明: dhammaveda)]을 성취한다. 이러한 법은 환열(pāmojja)에 큰 희열(pamudita)을 성취하게 한다. 다시 큰 희열은 환희로움(pīti)이 있게 하고 환희로움은 '몸의 경안(輕安: passaddhakāyo)'이 있게 하고, 몸의 경안은 행복[樂: sukha]을 느끼게 하고, 행복한 마음은 삼매(samādhi)에 들게 한다. 마하나마여, 이것을 가리켜 성스러운 제자가 평정심이 없는 사람 가운데 평정심(visama)을 얻었다 하고, 악의(惡意)가 있는 사람들 가운데 악의 없음에 머문다 하고, 법의 흐름

(dhammasota)에 이미 들어서 염불을 닦는다고 한다.[21]

　이 경전은 상응경전인 한역 잡아함에서도 거의 비슷한 내용을 보여 주고 있다.[22] 모두 염불(Buddhānussati)을 대신하는 '여래의 염불(tathāgatānussati)'이라는 말이 사용되며 염불의 대상으로 여래 십호가 제시되는 것도 동일하다. 염불은 여래의 십호를 결국 법의 흐름에 들게 하고 궁극적으로 열반을 성취한다고 한다. 이러한 경전에서 염불은 다음과 같은 행복한 마음 단계로 전개되는 법으로 정리된다.

21 Aṅguttara Nikāya vol. V. p. 329 ; "Idha tvaṃ mahānāma tathāgataṃ anussareyy āsi, 'itipi so bhagavā arahaṃ sammāsambuddho vijjācaraṇasampanno sugato lokavidū anuttaro purisadammasārathi satthā devamanussānaṃ buddho bhagav ā'ti. Yasmiṃ mahānāma samaye ariyasāvako tathāgataṃ anussarati nevassa tasmiṃ samaye rāgapariyuṭṭhitaṃ cittaṃ hoti, na dosapariyuṭṭhitaṃ cittaṃ hoti, na mohapariyuṭṭhitaṃ cittaṃ hoti. Ujugatamevassa tasmiṃ samaye cittaṃ hoti. Tathāgataṃ ārabbha ujugatocitto kho pana mahānāma ariyasāvako labhati atthavedaṃ labhati dhammavedaṃ, labhati dhammūpasaṃ hitaṃ pāmojjaṃ pamuditassa pīti jāyati, pītamanassa kāyo passambhati, passa ddhakāyo sukhaṃ vediyati, sukhino cittaṃ samādhiyati. Ayaṃ vuccati mahānā ma ariyasāvako visamagatāya pajāya sampanno viharati, sabyāpajjāya pajāya abyāpajjho viharati, dhammasotasamāpanno buddhānussatiṃ bhāveti."

22 『大正藏』2, 237c : "若比丘在於學地. 求所未得. 上昇進道. 安隱涅槃. 世尊. 彼當云何修習. 多修習住. 於此法 律得諸漏盡. 無漏心解脫 慧解脫. 現法自知作證. 我生已盡. 梵行已立. 所作已作. 自知不受後. 佛告摩訶男. 若比丘在於學地. 求所未得. 上昇進道. 安隱涅槃. 彼於爾時. 當修六念. 乃至進得涅槃. 譬如飢人. 身體羸瘦. 得美味食. 身體肥澤. 如是. 比丘住在學地. 求所未得. 上昇進道. 安隱涅槃. 修六隨念. 何等六念. 謂聖弟子念如來事. 如來 應 等正覺 明行足 善逝 世間解 無上士 調御丈夫 天人師 佛 世尊. 聖弟子如是念時. 不起貪欲纏. 不起瞋恚 愚癡心. 其心正直. 得如來義. 得如來正法. 於如 來正法 於如來所得隨喜心. 隨喜心已. 歡悅. 歡悅已. 身猗息. 身猗息已. 覺受樂. 覺受樂已. 其心定. 心定已. 彼聖弟子於兇嶮衆生中. 無諸罣閡. 入法流水. 乃至涅槃."

① 환열(pāmojja/pāmujja) → ② 큰 희열(pamudita) → ③ 환희로움(pīti) → ④ 몸의 경안(輕安: passaddhakāyo) → ⑤ 행복[樂: sukha] → ⑥ 삼매(samādhi).

염불은 이와 같이 조건적으로 일어나는 수행 단계를 보여 준다. 궁극적으로 염불은 열반에 이르는 단계를 열한 가지 단계로 제시하기도 한다. 즉 ⑦ 여실지견(如實知見: yathābhūtañāṇadassana) → ⑧ 염리(厭離: nibbidā) → ⑨ 이욕(離慾: virāga) → ⑩ 해탈(解脫: vimutti) → ⑪ 멸진지(滅盡智: khayañāṇa)가 그것이다.[23] 마지막 멸진지는 열반을 의미한다. 즉 염불은 삼매 성취와 함께 해탈과 열반으로 귀결되는 구도를 보여 준다. 이처럼 초기 경전에서 염불은 열반으로 직결되는 수행법임을 잘 보여 준다. 이 때문에 염불은 집중적으로 좌선 수행을 통한 행법으로 설해지기도 한다.[24] '가부좌하고 염(念)을 매어 앞에 두고[繫念在前]'라는 염불 행법의 설명이 그것이다. 원어는 parimukhaṁ satiṁ upaṭṭhapetvā이다. 염불은 부처님의 모습을 생생하게 마음에 떠올려 대면(對面)하는 상태처럼 해야 함을 말한다. 더 구체적으로 '여래의 형상을 관(觀)'한다는 것은 부처님이 갖춘 삼십이대인

---

23 Saṁyutta Nikāya Ⅱ, p. 29 ; Aṅguttara Nikāya Ⅴ, pp. 1-2.

24 『大正藏』2, 554a:"若有比丘正身正意. 結跏趺坐. 繫念在前. 無有他想. 專精念佛. 觀如來形. 未曾離目. 已不離目. 便念如來功德."

상(三十二大人相)을 말한다. 초기경전의 여러 곳에서 염불 수행은 정학의 전문 수행과 연결되어 있다. 이 때문에 좌선과 같은 방법을 통해서 '여래의 형상'에 이어서 '여래의 공덕'을 염불하는 것으로 설해진다. 마찬가지로 부처님의 열 가지 정신적인 덕성인 십력(十力)도 염불 수행의 내용으로 나타난다. 십력은 불타관(佛陀觀)을 이루는 가장 핵심적인 내용이다. 결론적으로 염불 수행은 선정 수행이 기본이다. 그리고 초기경전에 나타난 염불의 내용과 주제는 다음과 같이 정리된다.

첫째, 부처님의 형상[身相]에 대한 염불이 나타난다. 수행자는 부처님의 모습을 마음에 떠올려 염불하는 것이다.

둘째, 여래십호(如來十號)는 부처님의 덕성을 나타내는 덕목으로 부처님의 가치와 성질 그리고 의미를 염불하는 것이다. 초기불교에서 십호의 염불은 염불의 가장 중심적인 내용이며 가장 빈번하게 나타난다.

셋째, 마찬가지로 십력(十力)과 사무소외심도 염불로 나타난다. 부처님의 정신적 가치와 성질 그리고 의미를 염불로 말한다. 이 같은 십력과 사무소외심은 18불공법으로서 부처님만의 가장 대표적인 덕성으로 정리된다.

넷째, 염불은 좌선의 방법으로 수행되기도 하며 재가자의

경우는 일상의 활동에서 염불 수행이 설해진다.[25]

다섯째, 출가자와 재가자 모두에게 똑같이 강조되는 수행법
이다.

4. 염불 수행의 방법

경전에서 염불을 포함한 육념은 신(信), 정진(精進), 염(念), 삼
매(三昧) 그리고 반야지혜(般若知慧)의 다섯 법을 닦은 후 그 위에
더 닦아야 하는 법으로 육념법(六念法)이 제시된다.[26] 여기서 마찬
가지로 여래십호 염불은 탐진치로부터 속박되지 않고 환열(歡悅)
에서 삼매와 같은 수행으로 연결되는 맥락은 다른 경전과 동일
하다. 염불로 시작하는 육념법을 닦기 위해서는 신(信)과 반야지
혜에 이르는 오근(五根)과 오력(五力)을 닦아야 한다는 데에서 염
불의 수행론적 위상을 알 수 있다. 즉 오근과 오력은 신, 정진,
염, 삼매 그리고 반야로서 후에 삼십칠보리분(三十七菩提分)에 포
함되는 중요한 가르침이다. 완전한 깨달음에 이르는 37가지 지
분 가운데 10가지에 해당된다. 그러한 오근과 오력을 닦은 연후

---

25 Aṅguttara Nikāya V, pp. 333-334.
26 Aṅguttara Nikāya V, p. 329.

에 더 높은 법으로서 염불이 위치해 있는 것이다.

이 같은 내용의 육념법은 초기경전에 많이 나타난다. 하지만 다음 구절은 염불 가르침에서 부가되는 구절로서 몇몇 경전에서 나타나는데 다음과 같다.

> 마하나마여, 염불은 그대가 가고, 오고, 서고, 앉고, 눕고 그리고 일할 때도 그리고 자식들과의 번잡한 가정에서도 닦아야 한다.
>
> Imaṃ kho tvaṃ mahānāma buddhānussatiṃ gaccha ntopi bhāveyyāsi, ṭhitopi bhāveyyāsi, nisi nnopi bhāv eyyāsi, sayāno pi bhāveyyāsi, kam mantaṃ adiṭṭha hantopi bhāveyyāsi, putta sambā dhasayanaṃajjhāva santopi bhāveyyāsi.[27]

이처럼 어떤 경전은 마지막 경구로 "자식들과의 번잡한 가정에서도 닦아야 한다."라고 하여 재가자를 위해 특별히 강조하는 수행법으로 나타나기도 한다. 그리고 이 경구는 당연히 출가 스님들에게는 생략되어 나타난다. 그런데 이 경전은 재가자에

---

27 Aṅguttara Nikāya V, pp. 333-334.

게 설한 염불 수행이지만 놀랍게도 이미 초기경전에서 일행삼매(一行三昧)의 염불 사상을 그대로 찾아볼 수 있음을 알 수 있다. 흔히 일행삼매의 염불 사상은 대승불교경전에만 나타나는 것으로 설명한다. 그렇지만 여기서 보는 바와 같이 대승경전인『문수설반야경』의 일행삼매와 아주 닮아 있음을 알 수 있다. 오히려 초기경전이 대승경전보다 더 사례 중심적이고 더 구체적이다. 이처럼 이미 초기경전부터 행주좌와(行住坐臥)와 어묵동정(語黙動靜)과 같은 모든 일상사에서 지속하는 염불을 말한다. 이는 앞에서 인용한 Sutta Nipāta의 최고층에 나타나는 삥기야의 염불 사례에서도 일행삼매를 볼 수 있다는 점에서 염불의 위상을 충분히 가늠하고도 남는다. 또한 경전에서 염불은 "헛되지 않은 공부법"으로 강조된다.[28] 이처럼 헛되지 않은 공부법이란, 염불은 반드시 이익과 행복이 있는 공허하지 않은 공부법이라는 뜻이다.

다음은 초기경전에서 염불 수행이 어떻게 전문 수행으로 설해지는지를 살펴보자.

어떤 비구는 몸을 바르게 가지고 뜻을 바르게 하여

---

28 Aṅguttara Nikāya I, pp. 38-43.

가부좌하고 앉아, 염(念)을 매어 앞에 두고[繫念在前] 다른 생각 없이 오로지 염불한다. 여래의 형상을 관(觀)하되 잠시도 눈을 떼는 일이 없게 하고, 눈을 떼지 않고 나선 곧 여래의 공덕을 염한다.[29]

이처럼 초기경전에서 염불은 좌선 수행과 같이 전문 수행으로 설해지고 있음을 알 수 있다는 점이다. 더 나아가 이러한 기본 행법에서 '여래의 형상'과 '여래의 공덕'은 염불의 내용으로 구체적으로 설해지기도 하는데 경전을 그대로 인용하면 다음과 같다.

여래의 본체는 금강(金剛)으로 이루어졌고 십력(十力)을 원만하게 갖추었으며, 네 가지 두려움이 없어 대중들 속에서 용감하고 씩씩하시다. 여래의 얼굴은 단정하기 짝이 없어 아무리 보아도 싫증이 나지 않는다. 계(戒)의 덕을 성취한 것이 마치 금강과 같아서 부술 수 없고 티가 없이 청정하기는 마치 유리와 같다.

---

29 『增壹阿含經』 권2(『大正藏』 2, 554a), "若有比丘正身正意. 結跏趺坐. 繫念在前. 無有他想. 專精念佛. 觀如來形. 未曾離目. 已不離目. 便念如來功德."

또 여래의 삼매(三昧)는 일찍 줄어진 일이 없다. 이미 쉬고 영원히 고요하여 다른 잡념이 전혀 없다. 교만하고 사납던 모든 마음은 편안하고 고요하며 욕심이 없게 되었고, 탐냄과 성냄과 어리석은 마음과 망설임과 교만하게 구는 모든 번뇌도 다 없어졌다. 여래의 지혜로운 몸은 그 지혜가 끝도 없고 밑도 없으며 걸리는 데도 없다. 여래의 몸은 해탈을 성취하여 모든 갈래의 세계가 이미 다해 다시 태어나는 일이 없어져서(나는 나고 죽음에 떨어질 것이다)라고 말하는 일이 없다. 여래의 몸은 지견성(知見城)을 지나고 다른 사람의 근기[根]를 알아 제도할 것과 제도하지 못할 것을 구분하여 그에 따라 호응하시며, 여기에서 죽어 저기에 태어나고 두루두루 오가면서 생사(生死)의 경계를 해탈하는 이와 해탈하지 못하는 이를 모두 다 아신다.

이 경전에서 '여래의 형상'에 이어 '여래의 공덕'에 대한 염불은 사종염불(四種念佛) 가운데 칭명염불 이후의 단계를 말한다고 볼 수 있다. 또한 이 경전의 염불 사상은 대승불교에서 용수의 4종 염불 가운데 사십불공법(四十不共法)을 염하는 법신염불(法身念

佛)을 떠오르게 한다. 여기서의 십력 등은 사십불공법 속에 들어간다. 이 경문은 후대 중국에서 염불을 사종염불로 분류하는 것 가운데 칭명염불을 제외한 모든 염불법이 다 들어 있음을 알 수 있다. 마찬가지로 이 경구에서 "염(念)을 매어 앞에 두고 다른 생각 없이 오로지 염불한다. 여래의 형상을 관(觀)하되 잠시도 눈을 떼는 일이 없게 하고, 눈을 떼지 않고"의 표현은 초기경전에 나타난 일행삼매에 대한 설명의 한 예로 볼 수 있다. 그렇다면 초기경전의 염불 사상의 단서는 후대 대승경전의 염불 사상의 많은 부분에서 나타난 것으로 간주할 수 있을 것이다.

5. 염불 수행의 결과

염불을 설하는 거의 모든 경전에서 염불로 탐진치(貪瞋癡)를 떠나고 "기뻐하는 마음이 생긴 뒤에는 흐뭇해지고, 흐뭇해지고 나면 몸이 의지하여 쉬게 된다. 몸이 의지하여 쉬고 나면 감각이 즐거워지고, 감각이 즐거워지고 나면 마음이 고요해진다."라고 한다. 이는 염불로써 설령 이 생에 완전한 경지인 열반과 해탈을 성취하지 못한다 하더라도 그러한 행 자체로 기쁨과 행복 그리고 평온하고 충만한 삶을 이룰 수 있음을 말한다. 이 때문에 염불을 설하는 경전에서 염불로 인한 기쁨과 행복 그리고 평온함과 충만한 삶이 반복적으로 거론된다. 염불은 행하는 만큼 그 자체로 복된 결과를 받고 있는 것이다. 부처님은 이러한 염불 공덕을 더 구체적으로 제시하고 있는데 다음과 같다.

"이것이 이른바 '염불을 닦아 행하면 좋은 명예가 있게 되고, 큰 과보를 성취하며, 온갖 선이 널리 모이고, 감로의 맛을 얻어 함이 없는 곳에 이르게 되며, 곧 신통을 이루고, 온갖 어지러운 생각을 없애며, 사문과를 체득하고, 스스로 열반을 이룬다'고 하는 것이니라. 그러므로 비구들이여, 그대들이 항상 사유하면서 염불하기를 떠나지 않으면 곧 이런 온갖 훌륭한 공덕을 얻을 것이다. 이와 같나니 비구들이여, 꼭 이와 같이 공부해야 하느니라." 그때 모든 비구들은 부처님의 말씀을 듣고 기뻐하며 받들어 행하였다.[30]

이러한 초기경전의 염불은 다음과 같이 여덟 가지 공덕으로

---

30 『增壹阿含經』卷2(『大正藏』2, 554a): "是謂修行念佛, 便有名譽, 成大果報, 諸善普至, 得甘露味, 至無爲處, 便成神通, 除諸亂想, 獲沙門果, 自致涅槃. 是故諸比丘! 常當思惟, 不離佛念. 便當獲此諸善功德. 如是諸比丘, 當作是學. 爾時, 諸比丘! 聞佛所說, 歡喜奉行."

구체적으로 정리될 수 있다.

첫째, 좋은 명예(名譽)가 있게 되고
둘째, 큰 과보(果報)를 성취하고
셋째, 온갖 선(善)이 널리 모이고
넷째, 감로(甘露)의 맛을 얻어 무위처(無爲處)에 이르고
다섯째, 신통을 이루고
여섯째, 온갖 어지러운 생각을 없애고
일곱째, 사문과(沙門果)를 체득하며
여덟째, 스스로 열반을 성취한다.

이러한 공덕을 성취할 수 있기 때문에 염불이라는 한 가지 수행법을 마땅히 닦아 행하고, 마땅히 널리 펴야 하는 것으로 경전은 강조한다. 초기경전의 어디에서나 염불 수행의 결과는, 열반에 이르는 성인(聖人)의 경지인 사문과에 이르는 것은 물론 최종적으로 무위처와 열반 성취까지를 말한다. 그리고 한역 아함의 이러한 염불 수행의 공덕은 빠알리 경전에서도 거의 비슷하게 나타난다.[31]

---

31 Aṅguttara Nikāya I, p. 42.

Ⅲ. 마치는 말

　이상과 같이 초기불교경전에서 염불 수행이 어떻게 설해지고 있는지에 대한 염불의 연원을 체계적으로 살펴보았다. 염불은 한국불교 또는 동아시아 대승불교를 넘어 인도불교의 수많은 경론에서도 강조되는 불교 수행의 근본적이며 중심적인 수행법이다. 마찬가지로 염불 수행은 여러 종류의 불교 수행법 가운데 가장 널리 오랫동안 보편적으로 행해졌다. 또한 염불은 어떠한 수행법보다 종교성이 가장 살아 있는 수행법이기도 하다. 종교성의 수준은 바로 자비심의 발현과 실천으로 나타난다. 염불은 부처님을 염(念)하는 가운데 부처님과 통한다. 이러한 점에서 염불은 살아 있는 불교 수행법이다. 부처님을 염하는 가운데 부처님의 지혜 광명과 불성(佛性)을 느끼고 생각하면서 점점 부처님이 되어 간다. 초기경전에서부터 염불로 충만한 불심(佛心)은 설령 이 생에 최종의 궁극적 경지를 성취하지 못한다 하더라도 그러한 행 자체로 기쁨과 행복 그리고 평온함과 충만한 삶이 될 수 있다고 설해지고 있다.

　마지막으로 언급하고 싶은 것은, 한국불교에서는 간화선을 중심으로 특정한 하나의 수행법만이 주류이고 전통수행법처럼 강조하는 바람에 다른 많은 불교수행법이 단절되어 버린 현상이 일어났다. 더 나아가 염불 수행은 하근기 중생이나 닦는 수행법처럼 잘못 이해되기도 하였다. 현대는 과거처럼 하나만이 용인되는 획일적인 사회가 아니라 다양화되고 다원화된 시대이다. 불교수행법의 적용도 마찬가지이다. 부처님은 중생의 근기에 맞게 많은 수행법을 설해 주셨다. 그리고 이러한 다양한 수행법은 오랜 불교 역사 속에서 다양하게 전개되어 발전하여 왔다. 하지만 이러한 수행법이 단절되고 하나의 수행법만이 강요되는 경우도 있어 왔다. 이제는 경전에 나타나는 여러 수행 사상과 전통을 복원하여 중생들의 성향과 근기에 맞게 적용되도록 해야 한다.

이러한 점에서 염불은 종파를 초월한 가장 보편적인 불교 수행법이다. 염불은 그 어떠한 수행법보다 불교의 근본적이며 중심적인 수행법이라는 뜻이다. 마찬가지로 염불은 종교성이 가장 살아 있는 수행법으로 종교적 감성인 자비심을 발현시키고 실천하는 샘과 같은 공부법이다. 염불은 초기불교에서부터 대승불교에 이르기까지 항상 활발하게 종교성을 발휘할 수 있었던 힘이고 배경이었다. 만약 현재의 한국불교가 종교적 생명력을 활발하게 전개시키지 못하고 있다면 염불은 불교를 활발하게 되살릴 수 있는 불교의 근본 수행법이다.

<참고>

• 40업처(業處: Kammaṭṭhāna)

『청정도론(清淨道論: Visuddhimagga)』에서 설명되는 40가지 수행 주제, 이러한 40가지 수행 주제는『청정도론』의 89쪽에 언급되며 이후 많은 분량에 이르도록 설명되고 있다. 모두가 초기불교경전에 나오는 다양한 수행 주제를 모아놓은 것이다. 그 가운데 염불(念佛)은 열 가지 수념[十念, Anussati: recollection] 가운데 첫 번째인 '(1) 붓다의 수념[佛隨/護念, Buddhānussati]'으로 나온다.『청정도론』에서는 40업처를 주로 사마타(奢摩他: Samatha)의 수행 주제로 분류하고 있지만 이후『아비담맛타상가하(abhidhammatthasaṅgaha)』의 제9장에서는 '위빳사나의 수행 주제(vipassanākammaṭṭhāna)'로 확장하고 있기도 한다.

40업처는 다음의 일곱 가지 수행을 합한 수이다.

- 열 가지 편만[十遍(滿): Kasiṇa]
- 열 가지 부정한 것[十不淨: Asubha]

- 열 가지 수념[十(隋)念: Anussati]

- 네 가지 무량심[四無量心: Brahmavihara]

- 네 가지 형체 없는 관상[四無色處: Arūpa āyatana]

- 음식의 부정에 관한 상념[食不淨想: Aharepatikulasa]

- 네 가지 요소의 분석[四界分別: Catudhatu vavatthana]

일곱 가지 수행 주제의 구체적인 항목을 열거해 보면 다음
과 같다.

1) 열 가지 편만[十遍滿: Kasina]

(1) 땅: 땅의 편만(遍滿)함에 대한 관상
　　　　[地遍 혹은 地一切處: Pathavi-kasina]

(2) 물: 물의 편만함에 대한 관상[水遍: Apo-kasina]

(3) 불: 불의 편만함에 대한 관상[火遍: Tejo-kasina]

(4) 바람: 바람의 편만함에 대한 관상[風遍: Vayo-kasina]

(5) 청색: 청색의 편만함에 대한 관상[青遍: nila-kasina]

(6) 황색: 황색의 편만함에 대한 관상[黃遍: Pita-kasina]

(7) 적색: 적색의 편만함에 대한 관상[赤遍: Lohita-kasina]

(8) 흰색: 흰색의 편만함에 대한 관상[白遍: Odata-kasina]

(9) 빛: 빛의 편만함에 대한 관상[光明遍: Āloka-kasina]

(10) 공간: 한정된 허공의 편만함에 대한 관상

[限定虛空遍: Paricchinnākāsa-kasiṇa]

2) 열 가지 부정한 것에 대한 관상[十不淨: Asubha]

(1) 부푼 시체에 대한 관상[膨脹想: Uddhumataka Asubha]

(2) 검푸르게 변한 시체에 대한 관상[靑瘀想: Vinilaka]

(3) 곪아 터진 시체에 대한 관상[膿爛想: Vipubbaka]

(4) 갈가리 갈라진 시체에 대한 관상[斷壞想: Vicchiddaka]

(5) 동물이 뜯어 먹은 시체에 대한 관상[食殘想: Vikkhayitaka]

(6) 여기저기 흩어진 시체에 대한 관상

[離散想 혹은 散亂想: Vikkhittaka]

(7) 잘게 찢기어 흩어진 시체에 대한 관상

[斬斫離散想: Hatavikkhitaka]

(8) 피가 흐르는 시체에 대한 관상[血塗想: Lohitaka]

(9) 벌레들이 우글거리는 시체에 대한 관상[蟲聚想: Pulavaka]

(10) 해골과 뼈에 대한 관상[骨想: Atthika]

3) 열 가지 수념[十隨念, Anussati: recollection]

(1) 붓다의 수념[佛隨/護念, Buddhānussati]

(2) 담마의 수념[法隨/護念, Dhammānussati]

(3) 상가의 수념[僧隨/護念, Sanghāussati]

(4) 계율의 수념[戒隨/護念, Silānussati]

(5) 하늘세계의 수념[天隨/護念, Devatānussati]

(6) 버림의 수념[捨隨/護念, Cāgānussati]

(7) 죽음의 수념[死護念, Maranānussati]

(8) 몸에 대한 염[身至念, Kāyagatā sati]

(9) 호흡에 대한 염[安般念/隨息觀, Ānāpānasati]

(10) 고요함의 염[止息護念=寂靜念, Upasamānussati]

4) 사범주(四梵住: Brahmavihara/四無量心, Appamanna)

(1) 사랑[慈: Metta]: 자비에 대한 무량한 마음[慈梵住, 慈無量心]

(2) 연민[悲: Karuna]: 연민에 대한 무량한 마음[悲梵住, 悲無量心]

(3) 기쁨[喜: Mudita]: 기쁨에 대한 무량한 마음[喜梵住, 喜無量心]

(4) 평정[捨: Upekkha]: 평정에 대한 무량한 마음[捨梵住, 捨無量心]

5) 사무색처(四無色處: Arūpa āyatana)

(1) 공무변처(空無邊處: Ākāsānanc āyatana)

(2) 식무변처(識無邊處: Viññānanc āyatana)

(3) 무소유처(無所有處: Ākiñcann āyatana)

(4) 비상비비상처(非想非非想處: Nevasaññānāsaññāyatana)

6) 음식 부정에 대한 관상[食不淨想, Āhare-paṭikūlasaññā]

7) 네 가지 요소의 분석적 관상[四界分析, Catudhātuvavatthāna]

극락 정토의
초기불교적 연원

이필원 (동국대학교 WISE캠퍼스 교수)

부록

I. 들어가는 말

인도불교는 시대적으로 크게 초기불교, 부파불교, 대승불교, 밀교로 구분한다. 초기불교를 다시 고따마 부처님과 그 직제자가 활동하던 시기를 최초기 불교라고 구분하기도 한다. 그리고 최초의 분열 이전까지를 초기불교라고 하며 최초의 분열, 즉 근본분열 이후를 부파불교라고 한다. 부파불교는 전승에 따라 다소의 차이가 있는데, 보통 18개 학파에서 20개의 학파가 존재했다. 그러면 부파불교시대는 언제까지일까. 인도에서 부파불교시대는 13세기 초, 정확히는 1203년 인도에서 불교가 공식적으로 사라지기까지의 전 시대가 부파불교시대이다. 부파불교시대의 흐름 속에서 고따마 부처님의 정신을 회복하자는 운동인 대승불교운동이 일어나게 된 것이다. 그리고 대승의 흐름 속에서 힌두교의 의례와 만트라를 적극적으로 수용한 밀교라는 새로운 대승불교운동이 생겨난 것이다.

시선을 중앙아시아와 실크로드로 확장해 보면, 불교가 전파되기 시작한 것은 정확한 시점은 알 수 없지만 B.C. 1세기 전후부터일 것으로 추정된다. 왜냐하면 후한(後漢)시대에 안세고(安世

高)가 148년에서 170년 사이에 『안반수의경』을 비롯한 여러 선경(禪經)류를 번역했기 때문이다. 공통기원 전후는 대승불교가 본격적으로 발달하기 시작한 시기이기도 하다.

그리고 대승불교경전들이 등장하는 초기에는 이미 불국토 개념이 형성되어 있었다.[1] 불국토(buddha-kṣetra)는 말 그대로 부처님의 세계를 의미한다. 그런데 불국토 관념은 초기불교에서는 찾아보기 어렵다. 대승에서 불국토는 하나의 세계에 한 분의 부처님만이 존재한다. 이것을 '일세계일불론(一世界一佛論)'[2]이라고 한다. 그러나 초기경전에서는 이러한 표현은 나오지 않지만, 일세계일불론이나 다불사상의 원형으로 볼 수 있는 과거불 사상은 확인된다. 과거에 일곱 분의 부처님이 출현하셨다는 것을 과거칠불(過去七佛)[3]이라고 하는데 이 과거불 사상이 후대에 일세계일불론이나 다불사상으로 발전해 갔을 것으로 추정된다. 다불(多佛)이란 말 그대로 '여러 부처님'을 말한다. 그런데 과거의

---

1 Shizuka Sasaki(2018 : 146), "The concept of 'remodelling the world'", Setting Out on the Great Way (Paul Harrison ed.) "In any case, we tend to think of Mahāyāna sutras as emphasising the eternal nature of the buddha, but it should be noted that a tradition emphasising the eternal nature of the buddha-field form the earliest texts." 사사키 교수에 따르면, 불국토 관념은 대승경전 가운데에서도 가장 이른 시기에 등장하고 있음을 알 수 있다.

2 사이토 아키라 외(2016 : 126).

3 DN. II, Mahāpadānasutta, p.1에 과거칠불의 명호가 나온다. 과거칠불은 고따마 붓다를 포함한 여섯 분의 부처님을 통칭하는 표현이다.

여러 부처님이 아니라 지금 현재에 여러 부처님이 계시다는 것이 다불사상이 과거불 사상과 다른 점이다. 다불사상의 등장에서 오늘날 우리에게 가장 밀접한 부처님은 아마도 '아미타부처님'일 것이다. 아미타불 신앙과 관련해서는 기존에 외부기원설이 많이 주장되었다. 예를 들어 Har Dayal, L. A. Waddell은 페르시아 태양신 신화에서 유래했다고 보고, P. Pelliot와 Sylvain Levi는 페르시아의 조로아스터교에서 유래한 것으로 본다. 그 외에도 인도신화에서 기원한 것으로 보는 견해도 있다.[4]

그러나 이에 반해서 인도불교 내부에서 기원한 것으로 보는 연구도 있다. 대표적으로 Paul Williams를 들 수 있다. 그는 Mahayana Buddhism(1989)에서 아미타불 신앙, 즉 정토 신앙은 설출세부(Lokottaravāda)의 영향을 받은 쿠샨제국 시대 화지부(Mahīśāsaka) 소속의 스님들로부터 기원했을 것[5]이라고 일본학자 나까무라 하지메의 견해를 소개하고 있다.

또 다른 학자로는 Jan Nattier이다. 그는 아미타불 신앙을 외부기원에서 찾거나 비불교적인 전통에서 찾을 필요가 없음을 주장했다.[6] 국내에서는 조준호(2019)가 불교 내부에서 아미타신

---

4 자세한 것은 조준호(2019 : 12~13)를 참조하라.
5 Paul Williams(2009 : 237). 이 책은 1989년에 초판 발행되고 2009년에 재판 발행되었다.
6 Jan Nattier(2003 : 193)

앙의 원형을 찾을 수 있다는 논문을 발표했다.

　　필자 역시 선행연구에 힘입어, 아미타불 신앙이 불교 내부의 변용 내지 발전이라는 입장을 주장하고자 한다. 본 논문에서는 특히 극락정토의 연원을 초기불교경전에서 찾고자 하며, 이를 위해 초기불교의 천관을 살펴보고, 이어서 불환성자와 정토왕생자를 비교해 보고자 한다.

Ⅱ. 초기불교의 천관(天觀)

　　불교의 세계관은 삼계설(三界說)을 기반으로 한다. 즉 욕계 (kāma-dhātu), 색계(rūpa-dhātu), 무색계(arūpa-dhātu)이다. 이 가운데 하늘나라 곧 천계는 욕계의 6개 하늘나라[六欲天]와 색계의 18개 하늘나라, 무색계의 4개의 하늘나라로 총 28개의 하늘나라[28天] 로 구성되어 있다. 이들 하늘나라의 신들은 욕계의 가장 낮은 하늘나라인 사천왕천으로부터 무색계의 비상비비상처천으로 올라갈수록 그 위력과 수명에 엄청난 차이를 갖게 된다. 하늘나 라 중 이 세계의 창조주라고 일컬어지는 대범천의 세계가 있다. 이를 경전에서는 다음과 같이 설한다.

　　　　비구들이여, 참으로 긴 세월이 지난 그 어느 때, 어 느 곳에서 이 세상은 [다시] 팽창한다. 세상이 팽창할 때 텅 빈 범천의 궁전이 출현한다. 그때 어떤 중생 이 수명이 다하고 공덕이 다하여 광음천(Ābhassara) 의 무리에서 떨어져 텅 빈 범천의 궁전(Brahma-vimāna)에서 태어난다. 그는 거기서도 역시 마음으

로 이루어지고 희열을 음식으로 삼고 스스로 빛나
고 허공을 다니고 천상에 머물며 길고 긴 세월을 살
게 된다. … 중략 … 비구들이여, 그러자 그곳에 먼
저 태어난 중생에게 이와 같은 생각이 들었다. '나
는 범천이요 대범천이고 지배자이며, 지배되지 않
는 자이며, 전지자이며 전능자이며, 최고인 자이며,
조물주(kattā)이며, 창조주(nimmātā)이며, 최승자이며,
서품을 주는 자이며, 자재자이며, 존재하는 것과 존
재할 것의 아버지(pitā bhūta-bhavyānaṃ)이다. 나야말
로 이 중생들의 창조자이다. 무슨 이유 때문인가?
전에 내게 '오 다른 중생들이 여기에 온다면 얼마
나 좋을까?'라는 생각이 일어났고 그러한 내 마음의
염원 때문에 이 중생들이 여기에 생겨났기 때문이
다.[7]

위 경문에서 광음천은 색계의 제2선천 중 세 번째에 속하는
하늘나라이다. 세계가 무너지게 되면 지옥부터 무너지기 시작
해서 제2선천(제 중 두 번째 하늘나라)인 무량광천까지 모두 무너지게

---

7 DN.I, Brahmajala-sutta, pp. 17~18. ; 각묵 스님(2006 : 118~119)

된다. 그리고 세계가 다시 생겨나기 시작하면서 우리들이 알고 있는 우주가 전개된다. 우주가 전개되는 과정에서 범천의 세계가 열리고, 이때 광음천에서 업을 다한 한 중생이 대범천의 세계에 태어나면 이른바 창조주라는 자기 생각에 빠지게 되면서 바라문교 혹은 힌두교의 창조주 신화가 생겨나게 된다.

경문을 통해 알 수 있듯이 불교에서 하늘나라는 윤회의 세계이다. 즉 중생이 선업의 결과로 가게 되는 곳이다. 달리 말해 악업을 짓게 되면 지옥이나 축생 등 삼악도에 떨어져 고통을 받게 되고, 선업을 짓게 되면 인간세계 이상의 선취(善趣)에 태어나게 되는 것이다. 그렇다면 삼악도(三惡道) 혹은 삼선도(三善道)에 태어나게 되는 원인은 무엇일까. 무엇이 선업을 짓고 악업을 짓게 되는 기준이 될까. 경전에서는 이것에 대해 다음과 같이 설하고 있다.

　　그러나 존귀한 존재들이더라도 참으로 신체적으로 악행을 하고 언어적으로 악행을 하고 정신적으로 악행을 하고 성자들을 비난하며, 잘못된 견해를 지니고 있고, 잘못된 견해로 남에게 영향을 미치는 이 존재들은 몸이 파괴되어 죽은 뒤에 아귀의 세계에 태어난다. 또한 존귀한 존재들이더라도 참으로 신체적으로 악행을 하고 언어적으로 악행을 하고 정신적으로 악행을 하고 성자들을 비난하며, 잘못된 견해를 지니고 있고, 잘못된 견해로 남에게 영향을 미치는 이 존재들은 몸이 파괴되어 죽은 뒤에 축생의 세계에 태어난다. 또한 존귀한 존재들이더라도 참으로 신체적으로 악행을 하고 언어적으로 악행을 하고 정신적으로 악행을 하고 성자들을 비난하며, 잘못된 견해를 지니고 있고, 잘못된 견해로 남에게 영향을 미치는 이 존재들은 몸이 파괴되어 죽은 뒤에 괴로운 곳, 나쁜 곳, 타락한 곳, 지옥에 태어난다.[8]

위 경문의 내용은 정견을 갖지 못하고 사견을 갖게 되면 초래되는 결과에 대한 가르침이다. 우리가 사견을 갖게 되면 바른 생각과 바른 언어생활과 바른 삶이 불가능해지게 된다. 그 결과 몸과 말과 생각으로 악행을 일삼고, 존경하고 귀의해야 할 성자를 오히려 비난하거나, 다른 이들에게 나쁜 영향을 미치게 된다. 그러니 어찌 천상, 하늘나라에 태어날 수 있을 것이며, 나아

---

8 MN.Ⅲ, p.178 ; 전재성 역(2009), 1420-1421

가 열반을 성취할 수 있을까.

그러면 하늘나라에 태어나는 방법은 무엇일까. 하늘나라에 태어나는 방법을 부처님께서는 차제설법(次第說法)을 통해 명확하게 가르쳐 주고 계신다. 경전에서 우리가 확인할 수 있는 첫 번째 예가 바로 야사(Yasa)의 이야기이다. 야사는 불교사에 있어서도 매우 독특한 인물이다. 그가 독특한 이유는 그의 깨달음의 과정 때문이다. 야사는 향락의 삶을 살던 대부호의 아들이었다. 그런 그가 어느 날 문득 향락에 젖어 살던 자신에게 혐오감을 갖게 되고 한밤중에 집을 나와 숲에서 '괴롭다'고 외치며 돌아다니고 있었다. 마침 그의 절규를 부처님이 듣고, 그에게 다가가 대화를 나누게 된다. 대화의 내용은 차제설법이었다. 차제설법의 내용은 '보시-계행-생천-감각적 쾌락의 위험과 욕망에서 떠남이 가져다 주는 공덕'이었다. 이 가르침을 듣자 야사의 마음이 유연해지고 기뻐하며 청정해지게 되었다. 그런 그에게 부처님은 해탈도인 사성제 설법을 하였고, 그 설법을 듣고 야사에게는 청정한 '법안'이 생겨났다(Vin.I, pp.15~16). 이상의 내용 가운데 생천도(生天道)를 간략히 그림으로 나타내면 [그림 1]과 같다.

생천도는 말 그대로 하늘나라에

[그림 1] 生天의 방법

태어나는 방법[道]이다. 그러나 부처님의 가르침이 향하는 바는 생천이 아니라 해탈이다. 이를 해탈을 얻는 방법[道]이라고 한다. 결국 생천의 가르침은 해탈로 나아가기 위한 방편의 역할에 지나지 않는다.

1. 브라흐마 바까의 이야기

불교적 세계관에서 생천은 선행과 수행의 과보와 연결된 세계이지, 어떤 초월적인 존재의 세계가 아니다. 이를 잘 보여 주는 예는 초기경전에 매우 많다.[9] 이 가운데 MN.I 49번 경을 중심으로 색계천의 신에 대한 이야기를 해 보도록 한다. 49번 경의 이름은 'Brahmanimantanika sutta(브라흐마니만따니까 숫따)'로, 번역하면 '브라흐마의 초대의 경' 정도가 된다. 이 경에서 나오는 브라흐마, 곧 천신의 이름은 바까(Baka)이다. 이 경의 또 다른 버전은 SN.I, Brahma - saṃyutta에 나오는 'Bako-brahmā sutta(바까 브라흐마 경)'이다.

경전의 시작은 두 경전 모두 같다. 우선 브라흐마 바까에게

---

9 특히 SN.I, Devaputta-saṃyutta, Brahma-saṃyutta, Sakka-saṃyutta 등이 신들에게 주신 가르침, 혹은 신들과 관련된 가르침을 전한다.

나쁜 견해(pāpakaṃ diṭṭhi)가 생겨났고, 이를 가르치기 위해 범천의 세계에 부처님이 직접 찾아가는 것으로 시작한다. 이해를 돕기 위해 경전의 구성을 간단하게 나타내면 다음과 같다.

브라흐마 바까에게 나쁜 견해가 생김 ⇨ 부처님의 방문 ⇨ 대화 ① ⇨ 악마 마라의 개입 ⇨ 대화 ② ⇨ 브라흐마 바까의 굴복 ⇨ 악마 마라의 개입 ⇨ 악마 마라에 대한 가르침 ⇨ 마무리

이상이 이 경전의 대강의 흐름이다. 여기에서 이 경이 갖는 재미있는 구조를 알 수 있는데, 바로 색계천의 존재인 브라흐마 바까의 세계를 방문한 부처님께 악마 마라가 이야기를 거는 것이다. 악마 마라는 잘 알려져 있듯이 욕계(欲界)의 지배자이다. 그런 그가 색계(色界)의 영역에 들어온 것이다. 그리고 악마 마라는 브라흐마 바까에게는 말을 하지 않고 오로지 부처님에게만 두 번 말을 걸 뿐이다. 이에 대한 내용이 경전에서는 이렇게 표현된다.

악마여, 그대는 빠삐만입니다. 악마여, 브라흐마 와 브라흐마 세계의 신들과 브라흐마 세계의 신들 의 권속 모두는 그대의 손아귀에 있고 그대에게 지

배당합니다. 그대 빠삐만은 이와 같이 생각합니다.
'이 자는 나의 손아귀에 있고 나에게 지배당한다.
그러나 빠삐만이여, 나는 그대의 손아귀에 있지 않
고 그대는 나를 지배하지 못합니다.'(MN.I, p.327 ; 전재
성 2009:573)

이 경문을 통해 악마 마라가 욕계의 지배자이긴 하지만 색
계의 범천에게도 그 영향력을 행사하고 있음을 알 수 있다. 그
이유는 악마 마라가 죽음을 관장하는 신이라는 특성에서 찾을
수 있다. 즉 색계의 천신이거나 무색계의 천신이더라도 죽음에
서는 자유롭지 못하기 때문이다. 그런데 부처님은 이미 생사의
굴레에서 벗어난 존재이기에 "그대는 나를 지배하지 못한다."라
고 말씀하신 것이다.

이 경전에서 브라흐마 바까에게 나쁜 견해가 생긴 것을 계
기로 부처님이 그의 세계를 방문하게 되는데, 그 나쁜 견해란
다름 아닌 영원주의이다. 경전의 내용은 다음과 같다.

존자여, 이것은 항상하고 이것은 견고하고 이것은
영원하고 이것은 홀로 완전하고 이것은 불멸이고
이것은 참으로 생겨나지 않고 늙지 않고 죽지 않고

사라지지 않고 윤회하지 않으니 다른 더 이상의 해
탈은 없습니다.

앞서 DN.I, Brahmajala-sutta에서 살펴본 바와 같이, 대범
천은 자신을 창조주, 조물주, 존재하는 것의 아버지라는 착각을
하고 있었는데, 브라흐마 바까는 자신과 자신의 세계가 완전하
고 영원하며, 불멸이며, 노병사가 없는 완전한 해탈이라는 착각
을 하고 있다.

부처님은 브라흐마 바까에게 그보다 더 뛰어난 세계가 있음
을 알지 못함을 지적하면서, 극광천(極光天, Ābhassara), 변정천(遍淨
天, Subhakiṇṇa), 광과천(廣果天, Vehapphala)의 세계에 대해서 설하셨
다(MN.I, p.329). 이들 하늘은 각각 제2선천, 제3선천, 제4선천에
해당한다. 선천(禪天)이란 선정 수행과 관련된 하늘이란 의미이
다. 즉 어떤 선정을 성취했느냐에 따라 태어나는 하늘나라가 결
정되는 것이다.

그리고 신통력으로써 브라흐마 바까를 눌러 그의 마음을 조
복 받고, 바까는 자신보다 더 뛰어난 존재, 즉 붓다에 대한 믿음
을 일으켰다(MN.I, p.330). 이로써 바까의 악한 견해가 제거된 것
이다.

2. 초기경전에 구체적으로 기술된 하늘나라의 종류와 정거천

앞서 브라흐마 바까의 이야기를 보면서 색계천의 몇 가지 종류를 살펴보았다. 그러면 구체적으로 어떤 하늘나라들이 경전에서 언급되고 있는지 살펴보자. 이에 대한 구체적인 경전은 MN.I, 41번 경 'Sāleyyakasutta(살라 마을의 경)', 그리고 42번 경 'Vera ñjakasutta(웨란자의 경)'이다. 이 두 경전은 동일한 형식을 갖고 있다. 계율을 잘 지키고 바른 견해를 갖고 바른 가르침을 따르면 하늘나라에 태어난다는 내용이다. 구체적으로 언급되는 하늘나라의 명칭은 다음과 같다.

육욕천(六欲天)

① 사천왕천(cātummahārājikānaṃ devānaṃ)

② 삼십삼천(Tāvatiṃsānaṃ devānaṃ)

③ 야마천(Yāmānaṃ devānaṃ)

④ 도솔천(Tusitānaṃ devānaṃ)

⑤ 화락천(Nimmānaratīnaṃ devānaṃ)

⑥ 타화자재천(Paranimmita-vasavattīnaṃ devānaṃ)

색계 4선천

① 범중천(brahma-kāyikānaṃ devānaṃ)

② 광천(ābhānaṃ devānaṃ)[10]

③ 소광천(parittābhānaṃ devānaṃ)

④ 무량광천(appamāṇābhānaṃ devānaṃ)

⑤ 극광천(Ābhassarānaṃ devānaṃ)

⑥ 정천(subhānaṃ devānaṃ)[11]

⑦ 소정천(parittasubhānaṃ devānaṃ)

⑧ 무량정천(appamāṇasubhānaṃ devānaṃ)

⑨ 변정천(Subhakiṇṇakānaṃ devānaṃ)

⑩ 광과천(Vehapphalānaṃ devānaṃ)

정거천(불환성자의 하늘나라), 색계 제4선천

① 무번천(avihānaṃ devānaṃ)

② 무열천(atappānaṃ devānaṃ)

③ 선현천(sudassānaṃ devānaṃ)

④ 선견천(sudassīnaṃ devānaṃ)

⑤ 색구경천(akaniṭṭhakānaṃ devānaṃ)

---

10 광천(光天)은 뒤에 나오는 소광천(少光天), 무량광천(無量光天), 극광천(極光天)을 아
   우르는 표현이다. 이는 색계 제2선천에 해당한다. (전재성 2009 : 515 참고)
11 정천(淨天)은 소정천(少淨天), 변정천(遍淨天), 무량정천(無量淨天)을 아우르는 표현이다.

무색계 4선천

① 공무변처천(Ākāsānañ-c'āyatan'ūpagānaṃ devānaṃ)

② 식무변처천(Viññāṇañ-c'āyatan'ūpagānaṃ devānaṃ)

③ 무소유처천(Ākiñcaññ'āyatan'ūpagānaṃ devānaṃ)

④ 비상비비상처천(N'eva-saññā-nāsaññāyatan'ūpagānaṃ devānaṃ)

위의 경문에서 확인되는 하늘나라의 총 수는 25천(天)이다. 여기에서 색계 4선천과 정거천은 모두 색계천에 속하는 것으로 이들을 묶어 범천계(梵天界)라고 한다.[12] 그런데 여기에서 주목할 만한 것은 정거천이 색계 4선천과 무색계 4선천 사이에 놓여 있다는 점이다. 정거천도 제4선천에 해당하기는 하지만, 다른 제4선천인 광과천과는 구별된다. 이들 세계는 불환성자들의 하늘나라이다. 다른 색계천을 비롯해 무색계천은 모두 윤회의 세계인데, 정거천만은 이들과 구분된다. 왜냐하면 불환성자는 사실상 정거천에 태어난 이상 다른 곳으로 윤회하지 않고 그곳에서 반열반을 성취하기 때문이다.

그러면 이들 하늘나라에 태어나는 방법은 무엇일까. 이에 대해서 경전은 다음과 같이 설하고 있다.

---

12 전재성 1999 : 554

장자들이여, 가르침을 따르고 바른길을 실천하는 자가 '아, 나는 몸이 파괴되고 죽은 뒤에 만족을 아는 신들의 하늘나라(도솔천)에 태어나고 싶다.'고 원한다면, 몸이 파괴되고 죽은 뒤에 만족을 아는 신들의 하늘나라(도솔천)에 태어나는 것이 가능합니다. 그것은 무슨 까닭입니까? 그는 가르침을 따르고 바른길을 실천하기 때문입니다(MN.I, p. 288).

다른 하늘나라에 태어나는 경우는, 도솔천에 다른 하늘나라의 이름을 집어넣으면 된다. 경문에서 알 수 있듯이 하늘나라에 태어나는 방법은 ① 가르침을 따르고, ② 그것을 실천하는 것이다. 그러면 '가르침을 따른다'는 것은 어떤 의미일까.

비구들이여, 가르침을 따르는 자[隨法者]는 어떤 자인가? 비구들이여, 여기 어떤 사람이 형상을 뛰어넘고 물질에서 벗어나 고요한 해탈을 자신의 몸으로 체험하지 못하였고 또한 지혜로써 보아 번뇌를 아직 부수지 못하였으나, 여래가 선언한 가르침을 충분히 이해하고 받아들이고, 또 나아가서 믿음의 능력[信], 정진의 능력[勤], 깨어 있음의 능력[念], 집중

의 능력[定], 지혜의 능력[慧]과 같은 원리를 갖추었
다면, 비구들이여, 이 사람을 가르침을 따르는 자라
고 부른다(MN.I, 70번경 'Kīṭāgirisutta(끼따기리의 경)', p.478).

    위 경문의 내용처럼 가르침을 따른다는 것은 부처님의 가르
침을 잘 이해하고 받아들이는 것이며, 실천한다는 것은 오근을
성취하는 것을 말하는 것으로 이해할 수 있다.[13] 따라서 이들 두
가지를 성취하게 되면 우리는 원하는 하늘나라는 그 어디든 태
어날 수 있는 것이다. 가르침을 따른다는 것은 부처님에 대한
완벽한 신뢰와 믿음이 전제되어야 가능하기에, 하늘나라에 태
어나는 방법은 사실 부처님에 대한 무너지지 않는 믿음 하나만
으로도 충분할 것이다.

---

13 수법자(dhammānusārin) 다음에 나오는 수행자는 수신자(隨信者, saddhānusārin)
  이다. 수신자는 '여래에 대한 믿음과 사랑이 충만하고 5근을 갖춘 사람'으로 설명된다
  (MN.I, p.478). 수법과 수신을 구분하고 있지만, 사실 이 둘은 같이 이루어지는 것이라
  고 보아도 된다. 왜냐하면 오근 성취의 첫 번째가 바로 믿음의 성취이기 때문이다.

Ⅲ. 불환성자와 극락왕생자의 비교

초기불교에는 성자론이 있다. 성자에는 4단계가 있는데, '예류, 일래, 불환, 아라한'의 4성자를 말한다. 이 가운데 불환은 욕계에는 다시 돌아오지 않는다고 해서 붙여진 이름이다. 이들 성자의 계위 가운데 아라한은 모든 번뇌를 단절하여, 다시는 윤회하지 않는 궁극의 깨달음을 얻은 성자를 말한다.[14]

이 가운데 극락왕생자와 비교될 만한 성자는 불환성자이다. 왜냐하면 예류성자와 일래성자는 욕계에 다시 돌아와 아라한이 되는 성자이고, 아라한은 이미 윤회의 고리를 완전히 끊은 궁극의 깨달음을 얻은 성자이기 때문이다. 반면 불환성자는 욕계에는 다시 돌아오지 않는 성자로서, 색계의 색구경천에서 궁극의 깨달음을 얻어 아라한이 되는 성자이기 때문이다.

---

14 부처님을 제외하고 최초로 아라한이 된 분들이 초전법륜에서 등장하는 5비구이다. 5비구가 모두 깨달음을 얻었을 때, 부처님은 "이 세상에 6명의 아라한이 존재한다(Vin.Ⅰ, p.14)."라고 선언하게 된다. 6명이란 부처님을 포함한 숫자이다. 이 선언을 통해 부처님과 다섯 아라한의 깨달음에는 차이가 없음을 알 수 있다.

1. 불환성자란?

불환성자는 불환과를 얻은 성자를 말한다. 성자의 단계 중 세 번째에 해당한다. 빨리어로는 anāgāmin이라고 한다. 아나함(阿那含)이라고 음사된다. 그 의미는 "욕계에 돌아오지 않는 자"이다. 엄밀한 의미에서 보면 아나함의 성자는 무번천(無煩天, avihā)[15] 혹은 색구경천(色究竟天)[16] 등에 태어나서, 그곳에서 반열반을 성취하게 되기에, 윤회의 세계에서 벗어난 존재라고 보는 것도 가능하다. 그런 의미에서 보면 아라한과 큰 차이를 갖지 않는다. 그래서 불환성자와 아라한성자의 공통점을 지적하기도 한다. 예를 들어 Nārada는 불환과 아라한은 "살아 있는 동안, 7일간 끊임없이 열반의 무상의 즐거움을 경험한다."[17]라고 말하거나, 후지타 코타츠(藤田宏達)는 "다시 현상(에 돌아오는 것)은 없다(nāpara mitthattāya)."[18]라고 말한다. 즉 불환성자는 무번천 등의 하늘나라에서 죽어서 다시 윤회하지 않고, 그곳에서 윤회를 종식시키는 궁극적인 깨달음을 얻는다는 점에서 아라한과 비교될 수 있다.

---

15 SN.I, p.35
16 DN.III, p.237
17 Nārada(1973:560~561). 인용문은 Nathan Katz(1982:89)의 책에서 재인용함.
18 藤田宏達(1959 : 469)

십결 / 성자계위	오하분결					오상분결				
	회의적 의심	유신견	계금 취견	욕탐	분노	색탐	무색탐	도거	만	무명
예류	완전히 단절			남음						
일래	완전히 단절			희미하게 남음		남음				
불환	완전히 단절					남음				
아라한	완전히 단절									

[표 1] 성자의 계위와 십결(十結)의 관계

그러면 이러한 불환성자는 어떻게 될 수 있는가. 초기경전 에서는 성자의 계위는 번뇌의 단절 정도에 따라 결정된다. 먼저 번뇌의 종류와 성자의 계위 사이의 관계를 보자.[19]

[표 1]에서 알 수 있듯이 불환은 이른바 오하분결(五下分結)의 번뇌를 완전하게 단절한 성자임을 알 수 있다. 욕탐(欲貪)은 욕계 와 관련된 탐욕을 말하는 것으로 다른 번뇌들과 함께 욕탐이 욕 계의 세계를 벗어나지 못하게 하는 주된 번뇌이다. 불환성자는 욕계와 관련된 번뇌를 모두 단절했기에 욕계로 돌아오지 않는 존재가 된 것이다. 색탐과 무색탐은 각각 색계와 무색계에 관 련된 탐욕을 말하고 도거는 수행을 통해 얻게 되는 어떤 경지에

---

19 이와 관련된 경전으로는 SN. V, p.61, 69, 137, 139, 285 ; AN. I, p.23 ; MN. I, p.350 등 에서 볼 수 있다.

대해 환희하며 집착하는 것, 만은 남과 비교하는 마음, 무명은 사성제를 올바르게 알지 못하는 근본번뇌를 말한다.

그러면 불환과 아라한의 차이에 대해서 잠시 알아보자. 경전에서는 이 둘의 차이를 다음과 같이 설한다.

(a)

비구들이여, 배움의 이익에 머무는 자들에게는, 모든 지혜 가운데 최상을 지닌 자들에게는, 해탈의 핵심을 지닌 자들에게는, 바른 지각의 뛰어남을 지닌 자들에게는 두 가지 과보 중 어느 하나의 과보가 기대된다. 현세에 있을 때 최상의 지혜를 [얻거나], 혹은 집착이 남아 있으면 돌아오지 않는 자[불환]가 된다(It. p.40).

(b)

비구들이여, 욕망의 대상의 속박에 의해 묶인, 존재의 속박에 의해 묶인 자는 돌아오는 자가 되어, 이 상태로 돌아오는 자가 된다. 비구들이여, 욕망의 대상의 속박에서 벗어나, 존재의 속박에 의해 묶인 자는 돌아오지 않는 자[불환]가 되어, 이 상태로 돌아오지 않는다. 비구들이여, 욕망의 속박에서 벗어나, 존재의 속박에서 벗어난 자는 번뇌를 끊은 아라한이 된다(It. p.95).

위 경문은 불환과 아라한의 차이를 집착의 유무로 구분하고 있다. 이와 관련해서는 Sn. III장, 'Dvayatānupassa nāsutta(두 가지 관찰의 경)'에서 자세히 설하고 있다. 『숫따니빠따』'두 가지 관찰의 경'에서는 크게 '사성제, 연기, 무명, 접촉, 느낌, 갈애' 등을 주제로 하여 각각 두 가지 관점에서 이들 주제를 설하고 그 결과 얻을 수 있는 경지로서 아라한과 불환성자가 제시된다. 이들 가르침 뒤에는 정형구처럼 다음의 문장이 이어진다.

이렇게 두 가지 관찰의 원리에 올바로 방일하지 않고 정진하는 비구에게는 두 가지 과보 중에서 어느 하나를 기대할 수 있다. 즉 현세에서 궁극적 앎(aññā)을 증득하거나, 집착이 남아 있더라도 불환과(Anāgāmitā)가 된다(Sn. p.140).

현세는 diṭṭhe va dhamme의 번역어로서, '지금 여기'로 흔히 번역된다. 현세보다는 공간과 시간적으로 '지금 바로 여기'

성자 계위	욕망의 여부	존재의 여부	태어나는 곳
돌아오는 자	욕망의 대상에 속박된 자	존재에 속박된 자	욕계로 돌아옴
불환자	욕망의 대상에서 해탈한 자	존재에 속박된 자	색계에 머무름
아라한	욕망의 대상에서 해탈한 자	존재에서 해탈한 자	삼계에서 벗어남

[표 2] Itivuttaka에 나타난 성자의 계위와 태어나는 곳

라는 현재성을 강조한 말이다. 궁극적 앎(aññā)은 아라한을 의미하는 것이다. 결국 집착(upādisa)의 유무에 따라 아라한과 불환이 구분됨을 알 수 있다.

한편 It의 경문 ⑹의 경우는 윤회하는 자와 불환자, 아라한을 구분하고 있다.

'이 상태에 돌아오는 자'는 욕계로 돌아오는 자를 의미한다. 성자로서는 예류와 일래성자가 해당된다. 이 두 성자는 욕망의 대상에 속박된 상태이며, 존재의 속박에 묶인 존재들이다. 욕망의 대상에 속박되었기에 욕계에서 벗어나지 못한 것이며, 욕계의 존재를 받게 되는 것이다. 그런데 불환자는 '돌아오지 않는 자'로서 욕계를 벗어난 존재이다. 즉 욕망의 대상에 대해서는 해탈한 존재이지만 색계 이상의 존재에는 여전히 속박된 존재이다. 번뇌로 보면 욕계의 번뇌는 제거했지만 색계와 무색계의 번뇌는 남아 있는 것이다. 그러나 아라한은 욕망의 대상에 대해

서도 존재의 속박에서도 모두 해탈한 존재로서 삼계 그 어디에도 태어나지 않는 존재임을 명확히 밝히고 있음을 알 수 있다.

한편 불환성자의 경우 오하분결을 끊어야 한다고 했는데, 이 오하분결의 성격에 대해서 잠시 살펴보도록 하자. 오하분결은 삼결과 욕탐, 분노를 합한 것이다. 삼결은 '회의적 의심, 유신견, 계금취견'으로 모두 견해에 해당하는 것들이다. 그리고 욕탐과 분노는 바로 유신견을 바탕으로 한 것이다. 그럼 유신견을 끊으면 자연스럽게 욕탐과 분노도 끊어져야 하는데, 유신견을 끊은 예류나 일래는 어째서 욕탐과 분노가 끊어지지 않은 것일까. 이것은 욕탐과 분노가 정서적 측면이기 때문이다. 이들은 단순히 잘못된 견해가 아니라, 무명에 근거한 느낌 혹은 감각작용에 잠재된 성향으로서의 번뇌이다. 즐거운 감각에는 탐욕의 성향(rāgānusaya)이, 괴로운 감각에는 혐오/분노의 성향(paṭighānus aya)이, 즐겁지도 괴롭지도 않은 감각에는 무지의 성향(avijjānusaya)이 잠재되어 있다(이필원 2012:60). 이러한 이유로 견해의 단절만으로는 해결되지 않는 것이다. 이를 해결하기 위해서는 선정 수행이나 위빠사나 수행으로 대표되는 수행 등이 요구되는 것이다. 그런데 삼결을 제거하게 되면 나머지 과정은 매뉴얼대로 진행하면 된다. 그리고 이 삼결을 제거하는 데 가장 중요한 요소는 무엇보다도 부처님과 부처님 가르침에 대한 확고

한 믿음의 성취라고 할 수 있다.

2. 불환자의 종류와 태어나는 하늘나라

오하분결을 제거한 불환성자는 색계의 하늘나라에 태어나게 된다. 그리고 그곳에서 반열반을 성취하면서 아라한이 되는 것이다. 그런데 불환은 한 가지 형태만 있는 것이 아니라 5종의 불환성자가 있다.

> 아난다여, 죽은 난다비구니는 오하분결의 소멸로부터 화생자(opapātikā)가 되어, 거기에서 그 세계로부터 돌아오는 특성이 없는 반열반하는 자가 된다 (SN. V, p. 357).
>
> 그는 오하분결의 소멸로부터 중반열반자(antarāparinibbāyī)가 된다. 생반열반자(upahaccaparinibbāyī)가 된다. 유행반열반자(sasaṅkhāraparinibbāyī)가 된다. 무행반열반자(asaṅkhāraparinibbāyī)가 된다. 색구경에 이르는 상류자(uddhaṃsoto)가 된다(SN. V, p. 378).

위의 경문을 보면 화생자, 중반열반자, 생반열반자, 유행반열반자, 무행반열반자, 상류자의 6종 불환이 설해지는 것 같지만, 화생자는 불환자만을 지칭하는 것은 아니다. 색계천 이상의 중생들, 즉 천신들은 기본적으로 부모 없이 태어나는 자들이기에 '화생자'라고 하는 것이다. 그렇다고 보면, 불환자는 총 5종 불환자가 있게 된다.

> 해탈한 7명의 비구들이 무번천(無煩天, avihā)에 태어났네.
> 탐욕과 분노를 완전히 끊어 버린 그들은 세상에 대한 집착을 건넜다(SN. I, Ghaṭīkaro sutta, p. 35).

> 다섯 가지 정거천이 있다. 무번천(avihā), 무열천(無熱天, atappā), 선현천(善賢天, sudassa), 선견천(善見天, sudassin), 색구경천(色究竟天, akaniṭṭha)이다(DN. I, Saṅgīti-sutta, p. 237).
> 다섯 불환자가 있다. 중반열반자(中般涅槃者), 생반열반자(生般涅槃者), 유행반열반자(有行般涅槃者), 무행반열반자(無行般涅槃者), 색구경에 이르는 상류자(上流者)이다(DN. I, Saṅgīti-sutta, p. 237).

경문에서 보듯이 정거천은 다섯 하늘나라로 구성되어 있다. 그리고 이 세계는 불환자들이 태어나는 곳이다. 다시 불환자는 다섯 종류가 있는데, 상류자는 색구경천에 도달하여 열반을 성취하는 불환성자라고 보면 된다. 그러면 이들 다섯 불환자의 특징을 간단히 알아보자.[20]

① 상류자 : 오하분결을 단절하고 색구경천에 화생하여 완전한 열반에 드는 불환성자.

② 유행반열반자 : 오하분결을 단절하고 정거천의 어느 한 곳에 화생하여 크나큰 각고의 노력을 통해 완전한 열반을 이루는 불환성자.

③ 무행반열반자 : 오하분결을 단절하고 정거천 중 어느 한 곳에 화생하여 크나큰 각고의 노력 없이 괴로움 없이 완전한 열반을 이루는 불환성자.

④ 생반열반자 : 오하분결을 단절하고 정거천 중 어느 한 곳에 화생하여 생애의 절반을 넘어 500겁 이후 완전한 열반을 이루는 불환성자.

---

20 이 내용은 전재성(2018 : 507~508)의 각주 918~921의 내용을 간단히 정리한 것이다. 전재성은 상좌부의 논서와 구사론 등의 내용을 토대로 정리했다.

⑤ 중반열반자 : 오하분결을 단절하고 정거천 중 어느 한 곳
  에 화생하여 생애의 절반을 넘지 않고 완전한 열반을 이
  루는 불환성자.

이상의 내용을 토대로 5종 불환자들이 태어나는 하늘나라
를 배대해 보면 다음과 같다.

불환자	정거천의 하늘나라
중반열반자	정거천 중 어느 한 곳
생반열반자	
유행반열반자	
무행반열반자	
상류자	색구경천

[표 3] 5종 불환자와 배대되는 하늘나라

[표 3]의 경우, 상류자를 제외한 나머지 4종의 불환자는 경
전에서 어디에 태어나는지 설해져 있지 않다. 이는 필자가 임
의로 설정한 관계이다. 이와 관련해서 후지모토 아키라(藤本晃)
(2005:92)는 "다섯 번째만 색계의 구극에 도달하기에, 그 이상의
넷은 무색계에 화생한다고 추측할 수 있다."라고 말하고 있다.
그런데 이는 동의하기 어렵다. 왜냐하면 논서는 차치하더라도

SN.I, Ghaṭīkaro sutta에서 이미 보았듯이 해탈한 7명의 비구들[21]이 무번천에 태어났다는 내용이 있기 때문이다. 따라서 상류자만이 색구경천에 태어나고 나머지 불환자가 무색계에 화생한다는 것은 잘못된 해석이라고 생각된다.

3. 불환성자와 극락왕생자의 관계

초기경전에서 말하는 불환성자, 그리고 불환성자가 화생하는 정거천은 극락과 왕생자로 연결되는 개념이다.[22] 일단 정토계 경전을 보면 불환성자와 왕생자는 사실 같음을 보여 준다. 이와 관련해서 『불설관무량수경』에 다음과 같은 내용이 있다.

> 그때 세존께서는 곧 다시 미소를 지으시고, 오색의
> 광명을 지으시니 부처님의 입에서 나와 하나하나
> 의 빛이 빈비사라왕의 정수리를 비추었다. 그때 대
> 왕은 비록 유폐되어 있지만 마음의 눈에는 걸림이

---

21 경전에서는 이들의 이름을 정확히 밝히고 있다. 1. 우빠까(Upaka) 2. 빨라간다(pal aganaḍa) 3. 뿍꾸사띠(pukkusāti) 4. 밧디야(Bhaddiya) 5. 밧다데와(bhaddadeva) 6. 바후단띠(bāhudanti) 7. 삥기야(Piṅgiya)이다(SN.I, p. 35).

22 조준호(2019 : 28~30)는 논문에서 정거천과 극락, 그리고 불환과의 관계에 대해 자세히 논하고 있다.

없어서, 멀리 세존을 뵐 수 있었다. [왕이] 머리로 예를 올리자 자연스럽게 [수행의 힘이] 자라서, 아나함을 이루었다(T.11, p.341c).[23]

위 경문은 『불설관무량수경』의 '정종분', 즉 본론의 시작 부분에 나오는 내용이다. 위제희 부인에게 본격적으로 극락정토에 대한 가르침을 펴시기 전, 아들 아자따사뚜에 의해 유폐되어 있던 마가다국의 왕 빔비사라에게 부처님이 위신력을 펴신 내용이다. 여기에서 주목할 만한 것은 '불환과' 즉 '아나함'의 성자가 되었다는 것이다.

불환성자는 이미 보았듯이 다시는 욕계에 태어나지 않고 정거천에 태어나 그곳에서 반열반을 이루는 성자이다. 그리고 불환성자는 십결 중 오하분결을 제거한 수행자이기도 하다. 그런데 위 경문에서는 수행을 하지 않은 빔비사라왕이 부처님의 위신력에 힘입어 오하분결의 번뇌를 제거한 불환성자가 되었다.

빔리사라왕이 불환성자가 된 것은 단지 부처님의 위신력 때문은 아니다. '두면작례(頭面作禮)'는 완전한 믿음의 표시이다. 그

---

23 爾時, 世尊即便微笑, 有五色光, 從佛口出, 一一光照頻婆娑羅王頂. 爾時, 大王雖在幽閉, 心眼無障, 遙見世尊, 頭面作禮, 自然增進, 成阿那含.

리고 빔비사라왕은 왕으로서는 부처님의 첫 번째 제자가 된 사람으로 매우 신심 깊은 인물이었다. 이를 앞서 살펴본 내용과 비교해 보면, 빔비사라왕은 수법자(隨法者)이며 수신자(隨信者)라고 할 수 있다.

이와 관련된 내용을 『불설무량수경』에서도 확인해 볼 수 있다.

> 그 부처님의 본원력으로 그 명호를 듣고 왕생하고
> 자 하면, 모두 저 국토에 이르고, 저절로 불퇴전의
> 위에 도달하리(T. 12, p. 273a).[24]

위 경문에서 핵심은, 극락정토에 도달하면 저절로 불퇴전의 위에 도달한다는 것이다. 불퇴전은 불환성자가 된 것을 의미한다. 그리고 왕생이 가능한 것은 부처님의 본원력 때문인데, 여기서 중요한 것은 본원력에 대한 믿음일 것이다. 불퇴전의 위는 보살의 계위로 보면 8지보살에 해당한다.[25] 결국 본원력에 대한 흔들리지 않는 믿음의 성취가 곧 8지보살의 지위인 불퇴전위(不退轉位)의 성취로 연결된다고 할 수 있다.

---

24 其佛本願力, 聞名欲住生, 皆悉到彼國, 自致不退轉.

25 김호성(2019 : 53) "제8지에 이르게 되면, 성불까지는 시간문제이지 더 이상 후퇴는 없습니다."

불퇴전이란 말 그대로 '물러남이 없는 것'이다. 즉 8지보살의 계위에서 떨어지는 것이 없다는 의미이기도 하고, 극락정토에서 다른 곳으로 윤회하는 일이 없다는 것이기도 하다. 이와 같은 내용은 초기경전에서도 다시금 확인된다.

> 사리뿟따여, 어떤 비구나 바라문은 이와 같이 설하고 이와 같은 견해를 갖고 있다. '청정은 재생을 통해서 온다'. 사리뿟따여, 이 오랜 세월에 정거천을 제외하고는 내가 일찍이 재생하지 않는 재생계를 발견할 수 없다. 사리뿟다여, 그러나 내가 정거천에 재생하면 나는 다시 이 세계에 올 수 없을 것이다(MN.I, 12번경, 'Mahāsīhanādasutta(사자후에 대한 큰경)', p.81).

재생은 윤회(saṃsāra)라는 의미이다. 여기에서 부처님이 '다시 이 세계에 올 수 없을 것이다(nayimaṃ lokaṃ punar āgaccheyyaṃ)'라는 것은 불환성자의 세계인 정거천은 윤회로 인한 퇴전이 없다는 의미이다. 여기에서 퇴전이란 정거천이 아닌 욕계로의 윤회를 의미한다.

이는 『불설아미타경』의 내용과도 일치한다.

사리불이여, 극락정토에 태어난 님들은 더는 윤회
에 들지 않는 님, 다시는 깨달음에서 물러섬이 없는
님들이라네(T.12, p.347b).²⁶

원문 『불설아미타경』에서는 아비발치(阿鞞跋致)라고 되어 있
는 것을 함현 스님은 "더는 윤회에 들지 않는 님, 다시는 깨달음
에서 물러섬이 없는 님들"이라고 풀고 있는데, 이는 아비발치의
의미와 정확히 일치한다. 아비발치는 산스크리트어 avinivarta
nīyā의 음사어인데 의미는 불퇴(不退), 즉 '물러섬이 없음'이다.
불환성자는 욕계로 물러서서 윤회의 세계로 돌아오지 않는 성
자이므로, 극락정토 왕생자들 역시 극락정토에서 물러섬이 없
는 존재들이라는 점에서 이 둘이 같음을 알 수 있다.²⁷

---

26 함현 스님 번역(2021 : 31), 원문은 "又舍利弗! 極樂國土衆生生者, 皆是阿鞞跋致"이다.
27 중앙승가대학교 불전국역연구원(2007 : 87) "극락국토에 태어나는 이는 모두 아비발치
    (불퇴전보살)이다."로 번역하고 있다.

Ⅳ. 결론

불교는 석가모니부처님 이래 수많은 변용과 발전을 거듭해서 오늘에 이르고 있다. 그 과정에서 불교 외적인 요소가 들어와 불교화되는 과정을 거치기도 했다. 대표적인 것이 아마도 밀교일 것이다. 그러나 오히려 불교가 불교 외의 전통, 즉 바라문교 등에 영향을 미친 것이 훨씬 많다는 것은 이미 많은 연구자들이 밝힌 바이기도 하다.

그렇다면 아미타신앙은 어떨까. 본 논문의 서두에 밝혔듯이 기존의 연구는 크게 아미타신앙의 외부유입설과 내부전개설로 구분된다. 외부유입설은 대부분 신화적 관점에서 해석한다. 그러나 내부전개설은 불교 내적 요소들이 발전하여 아미타신앙이 전개되었음을 보여 준다.

본 논문도 불교내부전개설의 입장에서 극락정토의 초기불교적 연원을 찾아보고자 했다. 특히 초기불교의 천관(天觀)과 사향사과설 가운데 불환성자의 계위를 중심으로 고찰했다. 초기불교의 천관, 혹은 우주관은 삼계설을 바탕으로 한다. 즉 욕계, 색계, 무색계가 그것이다. 이 삼계설은 다시 선정 수행과 연결되는 구조이다. 그래서 하늘나라에 태어나는 방법으로 '보시+지계'의 구조와 '보시+지계+선정 수행'의 구조가 있게 된다. 그런데 여기에서 간과되어서는 안 되는 것이 바로 '믿음[信]의 구족'이다. 믿음을 성취한다는 것은 초기불교에서부터 매우 중요한 수행 덕목이다. 이것을 본문에서는 수법자와 수신자의 개념으로 소개했다.

내부전개설의 핵심은 불환성자와 정거천이다. 불환성자는 불퇴전을 그 특징으로 하고, 화생한 정거천에서 기필코 반열반하는 존재이다. 그래서 불환성자는 대승의 일생보처보살(一生補處菩薩)의 개념과 연결되며, 왕생자의 개념과 연결되는 것이다. 또한 정거천은 무번천으로부터 색구경천에 이르는 5개의 하늘나라로 구성되어 있는데, 이는 다른 하늘나라와는 달리 윤회의 세계에서 벗어난 하늘나라이다. 이곳에 화생하는 존재들이 바로 불환성자이기 때문이다. 본 논문에서는 이상의 내용을 근거로 윤회의 세계인 색계천에 속해 있지만 윤회에서 벗어난 세계라는 특징을 갖고 있는 정거천이 극락의 특성과 연결됨을 고찰하였다.

<참고문헌>

AN	Aṅguttara nikāya, PTS
It	Itivuttaka, PTS
DN	Dīgha nikāya, PTS
MN	Majjhima nikāya, PTS
SN	Saṃyutta nikāya, PTS
Sn	Suttanipāta, PTS
Vin	Vinaya, PTS
T	Taisho Daizokyo(대정신수대장경)

각묵 스님(2006). 『디가니까야』 1, 울산 : 초기불전연구원

김호성(2019). 『처음 만난 관무량수경』, 서울 : 동국대학교출판부

사이토 아키라 외(2016). 『대승불교의 탄생』(이자랑 역), 서울 : 씨아이알

이필원(2012). 『초기불교의 정서 이해』, 『인문논총』 67집

전재성(1999). 『상윳따니까야』, 서울 : 한국빠알리성전협회

전재성(2009). 『맛지마니까야』, 서울 : 한국빠알리성전협회

전재성(2018). 『앙굿따라니까야』, 서울 : 한국빠알리성전협회

조준호(2019). 『아미타불 신앙의 기원과 전개에 대한 구명』, 『한국불교학』 제90집

중앙승가대학교 불전국역연구원(2007). 『장본대조 범·한본 「아미타경」 역주해』, 김포 : 중앙승가대학교 불전국역연구원

함현 스님(2021). 『여래께서 말씀하신 아미타불의 경』, 서울 : 선화사 도솔원

Bhikkhu Bodhi, edit(1993). A Comprehensive Manual of Abhidhamma, Kandy : Buddhist Publication Society

Jan Nattier(2003) "Indian Roots of Pure Land Buddhism" Pacific World

Katz, Nathan(1982) *Buddhist Images of Human Perfection*, Delhi : Motilal Banarsidass

Paul Williams(2009). *Mahāyāna Buddhism*, London&New York : Routledge

Shizuka Sasaki(2018), "The concept of 'remodelling the world'", *Setting Out on the Great Way* (Paul Harrison ed.)

藤田宏達(1959). 「四沙門果の成立について」, 『印度学仏教学研究』 第7巻 第2号

藤本晃(2005). 「四沙門果説の成立と構造」, 『印度哲学仏教学』 第20号

머리 한번 만져 보게나
극락 간다네

초판 1쇄 발행 2024년 5월 15일

지은이   함현
펴낸이   오세룡
편집   박성화 손미숙 윤예지 여수령 허승 정연주
기획   곽은영 최윤정
디자인   최지혜 고혜정 김효선
홍보·마케팅 정성진

펴낸곳   담앤북스
주소   서울특별시 종로구 새문안로3길 23 경희궁의아침 4단지 805호
대표전화   02-765-1250(편집부) 02-765-1251(영업부)
전송   02-764-1251
전자우편   dhamenbooks@naver.com

출판등록   제300-2011-115호

ISBN 979-11-6201-462-2 (03220)

정가 18,000원